2023

中国海关统计摘要

CHINA CUSTOMS STATISTICS ABSTRACT

中华人民共和国海关总署　编

General Administration of Customs of the People's Republic of China (GACC)

中国海关出版社有限公司

中国·北京

图书在版编目（CIP）数据

中国海关统计摘要.2023／中华人民共和国海关总署编.—北京：中国海关出版社有限公司，2023.12
ISBN 978-7-5175-0719-2

Ⅰ.①中… Ⅱ.①中… Ⅲ.①海关—统计资料—中国—2023 Ⅳ.①F752.5-66

中国国家版本馆 CIP 数据核字（2024）第 004369 号

中国海关统计摘要（2023）
ZHONGGUO HAIGUAN TONGJI ZHAIYAO（2023）

编　　者：中华人民共和国海关总署
责任编辑：刘　婧
责任印制：王怡莎
出版发行：中国海关出版社有限公司
社　　址：北京市朝阳区东四环南路甲 1 号　　邮政编码：100023
网　　址：www.hgcbs.com.cn
编 辑 部：01065194242-7544（电话）
发 行 部：01065194221/4227/4238/4246（电话）
社办书店：01065195616（电话）
https://weidian.com/?userid=319526934
印　　刷：中煤（北京）印务有限公司　　经　　销：新华书店
开　　本：710mm×1000mm　1/16
印　　张：12.5　　字　　数：280 千字
版　　次：2023 年 12 月第 1 版
印　　次：2023 年 12 月第 1 次印刷
书　　号：ISBN　978-7-5175-0719-2
定　　价：56.00 元

《中国海关统计摘要（2023）》
编委会

编 写 说 明

一、《中国海关统计摘要》是为了及时反映我国货物贸易进出口发展情况而编写的综合性简明统计资料出版物，收录了近年来我国对外货物贸易统计的主要指标数据，同时简要列示了 1981 年以来的历史资料。内容包括综合、贸易伙伴、商品、地区、指数及主要统计指标解释。

二、统计范围：海关统计包括实际进出中华人民共和国关境并改变境内物质存量的货物。

三、资料来源：海关统计的原始资料是经海关确认的《中华人民共和国海关进（出）口货物报关单》、《中华人民共和国海关进（出）境货物备案清单》、《中华人民共和国海关跨境电子商务零售进（出）口商品申报清单》、《中华人民共和国海关进（出）境快件货物报关单》、边民互市进（出）境货物申报单证，以及其他经海关确认的与进出口货物相关的单证及资料。

四、书中数据为正式月度数据。

五、由于计数四舍五入，各统计表内分项数字之和可能与总数略有出入。部分历史数据由于更正的原因与已发行刊物的数据略有差异。

六、历史数据统计口径、计量单位等发生变化的，均以“注”说明。增速均为与上年同期相比。

七、本书有关符号的使用说明：摘要各表中的“-”表示该项无数据或不统计，“0”表示该项统计指标数据不足本表最小单位数，“*”表示该项数据与表中其他数据存在交叉情况。

目　　录

一、综　合

二、贸易伙伴

三、商　品

四、地　区

五、指　数

附　录

一、综合

2023中国海关统计摘要

年度进出口总额

年份	亿元人民币			亿美元		
	进出口	出口	进口	进出口	出口	进口
“六五”时期	**5634**	**2610**	**3026**	**2524**	**1200**	**1324**
1981	735	368	368	440	220	220
1982	771	414	358	416	223	193
1983	860	438	422	436	222	214
1984	1201	581	620	535	261	274
1985	2067	809	1258	696	274	423
“七五”时期	**19202**	**9261**	**9941**	**4864**	**2325**	**2539**
1986	2580	1082	1498	738	309	429
1987	3084	1470	1614	827	394	432
1988	3822	1767	2055	1028	475	553
1989	4156	1956	2200	1117	525	591
1990	5560	2986	2574	1154	621	533
“八五”时期	**71499**	**36662**	**34836**	**10143**	**5183**	**4960**
1991	7226	3827	3399	1356	718	638
1992	9120	4676	4443	1655	849	806
1993	11271	5285	5986	1957	917	1040
1994	20382	10422	9960	2366	1210	1156
1995	23500	12452	11048	2809	1488	1321
“九五”时期	**147120**	**79755**	**67365**	**17739**	**9617**	**8122**
1996	24134	12576	11557	2899	1510	1388
1997	26967	15161	11807	3252	1828	1424
1998	26850	15224	11626	3239	1837	1402
1999	29896	16160	13736	3606	1949	1657
2000	39273	20634	18639	4743	2492	2251
“十五”时期	**376506**	**197011**	**179495**	**45579**	**23852**	**21727**
2001	42184	22024	20159	5097	2661	2436
2002	51378	26948	24430	6208	3256	2952
2003	70483	36288	34196	8510	4382	4128
2004	95539	49103	46436	11546	5933	5612
2005	116922	62648	54274	14219	7620	6600
“十一五”时期	**840190**	**460673**	**379519**	**116814**	**63991**	**52823**
2006	140975	77598	63377	17604	9690	7915
2007	166924	93627	73297	21762	12201	9561
2008	179921	100395	79527	25633	14307	11326
2009	150648	82030	68618	22075	12016	10059
2010	201722	107023	94700	29740	15778	13962
“十二五”时期	**1248476**	**674782**	**573693**	**199225**	**107719**	**91507**
2011	236402	123241	113161	36419	18984	17435
2012	244160	129359	114801	38671	20487	18184
2013	258169	137131	121037	41590	22090	19500
2014	264242	143884	120358	43015	23423	19592
2015	245503	141167	104336	39530	22735	16796
“十三五”时期	**1463677**	**807557**	**656122**	**216393**	**119377**	**97014**
2016	243386	138419	104967	36856	20976	15879
2017	278099	153310	124790	41071	22633	18438
2018	305008	164128	140880	46224	24867	21357
2019	315627	172374	143254	45779	24995	20784
2020	322215	179279	142936	46559	25900	20660
“十四五”时期						
2021	387392	214255	173137	59954	33160	26794
2022	416728	236337	180391	62509	35444	27065

年度进出口增速

单位:%

年 份	人民币			美元		
	进出口	出 口	进 口	进出口	出 口	进 口
1981	29.0	35.6	23.1	15.4	21.4	9.9
1982	4.9	12.5	-2.7	-5.5	1.4	-12.4
1983	11.5	5.8	17.9	4.8	-0.4	10.9
1984	39.7	32.6	46.9	22.8	17.6	28.1
1985	72.1	39.2	102.9	30.0	4.6	54.1
1986	24.8	33.7	19.1	6.1	13.1	1.5
1987	19.5	35.9	7.7	11.9	27.5	0.7
1988	23.9	20.2	27.3	24.4	20.5	27.9
1989	8.7	10.7	7.1	8.7	10.6	7.0
1990	33.8	52.7	17.0	3.4	18.2	-9.8
1991	30.0	28.2	32.1	17.5	15.7	19.6
1992	26.2	22.2	30.7	22.0	18.2	26.3
1993	23.6	13.0	34.7	18.2	8.0	29.0
1994	80.8	97.2	66.4	20.9	31.9	11.2
1995	15.3	19.5	10.9	18.7	23.0	14.2
1996	2.7	1.0	4.6	3.2	1.5	5.1
1997	11.7	20.6	2.2	12.2	21.0	2.5
1998	-0.4	0.4	-1.5	-0.4	0.5	-1.5
1999	11.3	6.1	18.1	11.3	6.1	18.2
2000	31.4	27.7	35.7	31.5	27.8	35.8
2001	7.4	6.7	8.2	7.5	6.8	8.2
2002	21.8	22.4	21.2	21.8	22.4	21.2
2003	37.2	34.7	40.0	37.1	34.6	39.8
2004	35.5	35.3	35.8	35.7	35.4	36.0
2005	22.4	27.6	16.9	23.2	28.4	17.6
2006	20.6	23.9	16.8	23.8	27.2	19.9
2007	18.4	20.7	15.7	23.6	25.9	20.8
2008	7.8	7.2	8.5	17.8	17.3	18.5
2009	-16.3	-18.3	-13.7	-13.9	-16.0	-11.2
2010	33.9	30.5	38.0	34.7	31.3	38.8
2011	17.2	15.2	19.5	22.5	20.3	24.9
2012	3.3	5.0	1.4	6.2	7.9	4.3
2013	5.7	6.0	5.4	7.5	7.8	7.2
2014	2.3	4.9	-0.6	3.4	6.0	0.4
2015	-7.0	-1.9	-13.2	-8.0	-2.9	-14.1
2016	-0.9	-1.9	0.6	-6.8	-7.7	-5.5
2017	14.3	10.8	18.9	11.4	7.9	16.1
2018	9.7	7.1	12.9	12.5	9.9	15.8
2019	3.5	5.0	1.7	-1.0	0.5	-2.7
2020	2.1	4.0	-0.2	1.7	3.6	-0.6
2021	20.2	19.5	21.1	28.8	28.0	29.7
2022	7.6	10.3	4.2	4.3	6.9	1.0

中国进出口总额在世界贸易中的比重和位次

年　份	世界贸易进出口总额（亿美元）	比　重（%）	位　次
1981	40849	1.1	21
1982	38297	1.1	21
1983	37375	1.2	20
1984	39714	1.3	16
1985	39684	1.8	11
1986	43461	1.7	12
1987	50992	1.6	17
1988	58342	1.8	15
1989	63044	1.8	15
1990	70897	1.6	16
1991	71398	1.9	14
1992	76797	2.2	11
1993	76891	2.5	11
1994	87568	2.7	11
1995	104529	2.7	11
1996	109533	2.6	11
1997	113310	2.9	11
1998	111857	2.9	11
1999	116457	3.1	9
2000	131015	3.6	8
2001	126034	4.0	6
2002	131573	4.7	6
2003	153619	5.5	4
2004	186959	6.2	3
2005	212956	6.7	3
2006	245004	7.2	3
2007	282982	7.7	3
2008	326672	7.8	3
2009	252734	8.7	2
2010	307427	9.7	2
2011	367744	9.9	2
2012	371719	10.4	2
2013	379304	11.0	1
2014	380628	11.3	1
2015	332783	11.9	1
2016	322456	11.4	2
2017	357200	11.5	1
2018	392994	11.7	1
2019	382988	11.9	1
2020	353950	13.1	1
2021	448026	13.5	1
2022	505959	12.3	1

注：所列世界贸易进出口总额来源于世界贸易组织数据库。

中国进口总额在世界贸易中的比重和位次

年　份	世界进口贸易总额（亿美元）	比　重（%）	位　次
1981	20705	1.1	22
1982	19439	1.0	23
1983	18916	1.1	20
1984	20157	1.4	17
1985	20155	2.1	11
1986	22076	1.9	11
1987	25837	1.7	14
1988	29653	1.9	14
1989	32055	1.8	14
1990	36000	1.5	18
1991	36284	1.8	15
1992	39005	2.1	13
1993	38944	2.7	11
1994	44286	2.6	11
1995	52853	2.5	12
1996	55473	2.5	12
1997	57387	2.5	12
1998	56826	2.5	11
1999	59263	2.8	10
2000	66475	3.4	8
2001	64069	3.8	6
2002	66565	4.4	6
2003	77711	5.3	3
2004	94734	5.9	3
2005	107853	6.1	3
2006	123690	6.4	3
2007	142668	6.7	3
2008	164975	6.9	3
2009	127104	7.9	2
2010	154362	9.0	2
2011	184328	9.5	2
2012	186547	9.7	2
2013	189642	10.3	2
2014	190556	10.3	2
2015	167226	10.0	2
2016	162016	9.8	2
2017	179800	10.2	2
2018	198269	10.8	2
2019	192842	10.8	2
2020	178121	11.6	2
2021	225188	11.9	2
2022	256701	10.5	2

注：所列世界进口贸易总额来源于世界贸易组织数据库。

中国出口总额在世界贸易中的比重和位次

年 份	世界出口贸易总额（亿美元）	比 重（%）	位 次
1981	20144	1.1	19
1982	18858	1.2	16
1983	18460	1.2	19
1984	19557	1.3	18
1985	19529	1.4	17
1986	21385	1.4	16
1987	25155	1.6	16
1988	28689	1.7	16
1989	30989	1.7	14
1990	34897	1.8	15
1991	35114	2.0	13
1992	37792	2.2	11
1993	37947	2.4	11
1994	43283	2.8	11
1995	51676	2.9	11
1996	54061	2.8	11
1997	55923	3.3	10
1998	55031	3.3	9
1999	57194	3.4	9
2000	64540	3.9	7
2001	61964	4.3	6
2002	65007	5.0	5
2003	75908	5.8	4
2004	92226	6.4	3
2005	105103	7.2	3
2006	121314	8.0	3
2007	140313	8.7	2
2008	161697	8.8	2
2009	125630	9.6	1
2010	153065	10.3	1
2011	183416	10.4	1
2012	185172	11.1	1
2013	189662	11.6	1
2014	190072	12.3	1
2015	165557	13.8	1
2016	160440	13.1	1
2017	177399	12.8	1
2018	194724	12.7	1
2019	190147	13.2	1
2020	175829	14.7	1
2021	222838	15.1	1
2022	249258	14.2	1

注：所列世界出口贸易总额来源于世界贸易组织数据库。

月度进出口总额

（2020年1月—2022年12月）

年　月	亿元人民币			亿美元		
	进出口	出　口	进　口	进出口	出　口	进　口
2020年1月	25792	14811	10982	3685	2116	1569
2月	15393	5561	9831	2228	804	1424
3月	24375	12887	11488	3492	1846	1646
4月	24883	14018	10865	3540	1995	1545
5月	24735	14535	10200	3512	2064	1448
6月	26994	15080	11914	3810	2128	1682
7月	29301	16790	12511	4134	2368	1765
8月	28841	16440	12401	4116	2344	1773
9月	30618	16540	14078	4419	2386	2033
10月	28314	16129	12185	4151	2362	1789
11月	30841	17917	12924	4596	2669	1927
12月	32129	18571	13558	4876	2817	2059
2021年1月	30382	17190	13192	4646	2628	2018
2月	24219	13224	10995	3727	2034	1693
3月	30167	15400	14767	4675	2388	2288
4月	31310	16859	14451	4822	2598	2224
5月	31167	16865	14302	4793	2594	2199
6月	32456	17656	14800	5042	2742	2300
7月	32168	17713	14454	5011	2760	2251
8月	33871	18729	15142	5237	2897	2341
9月	34863	19516	15347	5375	3009	2367
10月	32978	19124	13854	5101	2958	2142
11月	36715	20557	16157	5723	3204	2519
12月	37095	21420	15675	5801	3349	2452
2022年1月	36168	20613	15555	5672	3233	2440
2月	25697	13680	12016	4034	2148	1886
3月	31944	17331	14613	5029	2729	2300
4月	31315	17129	14186	4916	2690	2227
5月	34114	19487	14628	5317	3039	2278
6月	36920	21552	15368	5535	3234	2301
7月	37526	22074	15452	5567	3275	2292
8月	36674	20935	15738	5438	3104	2334
9月	37652	21605	16047	5543	3182	2361
10月	35102	20361	14741	5055	2936	2119
11月	36561	20608	15953	5154	2906	2248
12月	37054	20961	16094	5248	2969	2279

贸易方式进口总额（人民币）

单位：亿元

贸易方式	2000年	2005年	2010年	2015年	2020年	2021年	2022年
总　额	**18639**	**54274**	**94700**	**104336**	**142936**	**173137**	**180391**
一般贸易	8292	23016	52180	57274	86721	108259	115503
国家间、国际组织无偿援助和赠送的物资	12	4	1	1	1	0	0
来料加工贸易	2312	5510	6743	5686	5305	5919	5972
进料加工贸易	5348	17003	21569	22061	22583	25643	24553
边境小额贸易	266	470	653	445	559	452	524
加工贸易进口设备	139	235	83	39	29	24	18
租赁贸易	94	298	382	510	157	118	56
外商投资企业作为投资进口的设备、物品	1084	2278	1105	382	201	131	83
出料加工贸易	2	3	9	19	25	15	11
免税外汇商品	9	1	1	1	3	1	0
免税品	–	–	–	101	273	265	207
保税监管场所进出境货物	436	1650	4146	5510	9421	11584	11900
海关特殊监管区域物流货物	582	3639	7410	11308	15916	18807	20245
海关特殊监管区域进口设备	–	116	271	406	700	808	495
其他	64	51	146	593	1042	1111	824

注：1. “其他”包括“其他捐赠物资”“寄售、代销贸易”“易货贸易”“补偿贸易”“其他贸易”等贸易方式。

2. 自2014年起，“免税品”列入海关统计。

贸易方式进口总额（美元）

单位：亿美元

贸易方式	2000 年	2005 年	2010 年	2015 年	2020 年	2021 年	2022 年
总　额	**2251**	**6600**	**13962**	**16796**	**20660**	**26794**	**27065**
一般贸易	1001	2796	7693	9224	12522	16749	17340
国家间、国际组织无偿援助和赠送的物资	1	0	0	0	0	0	0
来料加工贸易	279	670	994	915	767	916	897
进料加工贸易	646	2070	3181	3551	3272	3970	3685
边境小额贸易	32	57	96	72	81	70	78
加工贸易进口设备	17	29	12	6	4	4	3
租赁贸易	11	36	56	83	23	18	9
外商投资企业作为投资进口的设备、物品	131	277	163	62	29	20	13
出料加工贸易	0	0	1	3	4	2	2
免税外汇商品	1	0	0	0	0	0	0
免税品	–	–	–	16	40	41	31
保税监管场所进出境货物	53	201	611	886	1363	1794	1783
海关特殊监管区域物流货物	70	443	1093	1818	2303	2913	3027
海关特殊监管区域进口设备		14	40	65	101	125	75
其他	8	6	23	94	151	171	123

注：1. “其他”包括“其他捐赠物资”“寄售、代销贸易”“易货贸易”“补偿贸易”“其他贸易”等贸易方式。

2. 自 2014 年起，“免税品”列入海关统计。

贸易方式出口总额（人民币）

单位：亿元

贸易方式	2000年	2005年	2010年	2015年	2020年	2021年	2022年
总　额	**20634**	**62648**	**107023**	**141167**	**179279**	**214255**	**236337**
一般贸易	8731	25924	48886	75399	106430	129943	149828
国家间、国际组织无偿援助和赠送的物资	8	19	20	31	40	79	44
来料加工贸易	3402	6903	7621	5219	4690	5158	5535
进料加工贸易	7983	27322	42589	44317	43895	48154	48386
边境小额贸易	100	608	1111	1896	1921	2058	2463
对外承包工程出口货物	27	140	857	1000	732	823	714
租赁贸易	6	7	10	16	11	26	81
出料加工贸易	2	2	13	13	21	11	9
保税监管场所进出境货物	219	653	2400	3056	3686	4150	5090
海关特殊监管区域物流货物	96	955	2476	6805	9871	13913	14777
其他	61	115	1041	3415	7982	9941	9409

注：“其他”包括“其他捐赠物资”“寄售、代销贸易”“易货贸易”“补偿贸易”“其他贸易”等贸易方式。

贸易方式出口总额（美元）

单位：亿美元

贸易方式	2000 年	2005 年	2010 年	2015 年	2020 年	2021 年	2022 年
总　额	**2492**	**7620**	**15778**	**22735**	**25900**	**33160**	**35444**
一般贸易	1052	3151	7206	12148	15369	20111	22478
国家间、国际组织无偿援助和赠送的物资	1	2	3	5	6	12	7
来料加工贸易	411	840	1123	841	677	799	831
进料加工贸易	964	3325	6280	7134	6347	7454	7258
边境小额贸易	12	74	164	305	277	318	364
对外承包工程出口货物	3	17	126	161	106	127	107
租赁贸易	1	1	1	3	2	4	12
出料加工贸易	0	0	2	2	3	2	1
保税监管场所进出境货物	26	80	354	492	533	642	764
海关特殊监管区域物流货物	12	116	365	1094	1429	2154	2208
其他	7	14	154	549	1151	1537	1414

注：“其他”包括“其他捐赠物资”“寄售、代销贸易”“易货贸易”“补偿贸易”“其他贸易”等贸易方式。

企业性质进口总额（人民币）

单位：亿元

企业性质	2000年	2005年	2010年	2015年	2020年	2021年	2022年
总　额	**18639**	**54274**	**94700**	**104336**	**142936**	**173137**	**180391**
国有企业	8198	16225	26339	25279	32094	41909	48562
中外合作企业	704	788	500	387	299	259	218
中外合资企业	4496	9740	14230	15225	15698	16090	16167
外商独资企业	4505	21323	35351	35872	43972	49384	47026
集体企业	511	1685	2374	1530	1626	1689	1626
私营企业	113	4438	14547	25544	48504	62978	66271
其他	113	74	1359	499	744	827	520

注：“其他”包括个体工商户、外国驻华企事业机构、外国驻华使领馆、临时进出口的单位和个人。

企业性质进口总额（美元）

单位：亿美元

企业性质	2000年	2005年	2010年	2015年	2020年	2021年	2022年
总　额	**2251**	**6600**	**13962**	**16796**	**20660**	**26794**	**27065**
国有企业	989	1972	3882	4073	4635	6486	7290
中外合作企业	85	96	74	62	43	40	33
中外合资企业	543	1183	2098	2451	2271	2489	2430
外商独资企业	544	2595	5212	5776	6355	7642	7061
集体企业	62	205	350	246	234	261	245
私营企业	14	540	2146	4108	7014	9748	9929
其他	14	9	201	79	107	127	77

注：“其他”包括个体工商户、外国驻华企事业机构、外国驻华使领馆、临时进出口的单位和个人。

企业性质出口总额（人民币）

单位：亿元

企业性质	2000年	2005年	2010年	2015年	2020年	2021年	2022年
总　额	**20634**	**62648**	**107023**	**141167**	**179279**	**214255**	**236337**
国有企业	9637	13890	15903	15033	14397	17363	18886
中外合作企业	819	1287	1117	706	392	432	412
中外合资企业	4164	11187	16120	17537	17023	20561	21125
外商独资企业	4899	24032	41245	44138	47093	53409	53220
集体企业	880	3005	3382	3163	2832	3076	3250
私营企业	197	9227	29146	60404	96913	118816	139040
其他	31	20	109	185	628	598	404

注：“其他”包括个体工商户、外国驻华企事业机构、外国驻华使领馆和临时进出口的单位和个人。

企业性质出口总额（美元）

单位：亿美元

企业性质	2000年	2005年	2010年	2015年	2020年	2021年	2022年
总　额	**2492**	**7620**	**15778**	**22735**	**25900**	**33160**	**35444**
国有企业	1164	1688	2343	2424	2076	2686	2835
中外合作企业	99	157	165	114	57	67	62
中外合资企业	503	1360	2376	2824	2462	3182	3176
外商独资企业	592	2925	6082	7108	6802	8267	7991
集体企业	106	365	498	510	409	476	489
私营企业	24	1122	4298	9725	14003	18389	20831
其他	4	2	16	30	91	92	60

注：“其他”包括个体工商户、外国驻华企事业机构、外国驻华使领馆和临时进出口的单位和个人。

运输方式进口总额（人民币）

单位：亿元

运输方式	2000 年	2005 年	2010 年	2015 年	2020 年	2021 年	2022 年
总　额	**18639**	**54274**	**94700**	**104336**	**142936**	**173137**	**180391**
水路运输	11388	30900	58531	56441	79611	97696	107360
铁路运输	356	873	1333	979	1748	2154	2278
公路运输	3903	10278	15659	19788	24286	29812	22903
航空运输	2951	12150	18376	24994	34671	40344	43985
邮件运输	17	34	28	20	160	148	102
其他	23	39	772	2115	2461	2983	3763

注："其他"包括"旅客携带""固定设施""其他运输"。

运输方式进口总额（美元）

单位：亿美元

运输方式	2000 年	2005 年	2010 年	2015 年	2020 年	2021 年	2022 年
总　额	**2251**	**6600**	**13962**	**16796**	**20660**	**26794**	**27065**
水路运输	1376	3754	8629	9095	11498	15117	16126
铁路运输	43	106	197	157	253	333	342
公路运输	471	1253	2311	3183	3513	4615	3430
航空运输	356	1478	2708	4018	5018	6245	6588
邮件运输	2	4	4	3	23	23	15
其他	3	5	114	339	355	461	563

注："其他"包括"旅客携带""固定设施""其他运输"。

运输方式出口总额（人民币）

单位：亿元

运输方式	2000 年	2005 年	2010 年	2015 年	2020 年	2021 年	2022 年
总　额	**20634**	**62648**	**107023**	**141167**	**179279**	**214255**	**236337**
水路运输	12875	40835	73864	95477	116067	139365	166331
铁路运输	202	411	726	1123	3606	4407	4045
公路运输	5705	10897	17025	22827	25616	30841	24294
航空运输	1700	10115	14649	20509	31759	35868	36602
邮件运输	22	55	46	222	322	199	108
其他	131	335	712	1009	1909	3576	4956

注：“其他”包括“旅客携带”“固定设施”“其他运输”。

运输方式出口总额（美元）

单位：亿美元

运输方式	2000 年	2005 年	2010 年	2015 年	2020 年	2021 年	2022 年
总　额	**2492**	**7620**	**15778**	**22735**	**25900**	**33160**	**35444**
水路运输	1555	4963	10886	15390	16754	21565	24968
铁路运输	24	50	107	181	520	682	607
公路运输	689	1329	2514	3670	3708	4776	3617
航空运输	205	1230	2159	3298	4596	5554	5495
邮件运输	3	7	7	35	46	30	16
其他	16	41	105	162	275	554	740

注：“其他”包括“旅客携带”“固定设施”“其他运输”。

关别进口总额（人民币）

单位：亿元

序号	关　别	2000 年	2005 年	2010 年	2015 年	2020 年	2021 年	2022 年
	总　额	**18639**	**54274**	**94700**	**104336**	**142936**	**173137**	**180391**
1	上海海关	3955	11381	17732	19680	27025	32063	31557
2	深圳海关	2823	8011	12841	16263	17564	21277	19704
3	南京海关	1089	7068	10634	10374	14391	16664	17396
4	青岛海关	1180	3666	8569	7737	10365	13771	15726
5	天津海关	1100	3056	5754	5454	7160	8199	9421
6	黄埔海关	2026	4175	6056	6167	8300	9226	8648
7	宁波海关	579	2583	4132	3218	4447	5893	7029
8	杭州海关	311	970	2635	2222	3943	5592	7026
9	北京海关	810	2040	3164	3739	4144	4727	5506
10	大连海关	786	1821	3557	3294	4525	5231	5487
11	广州海关	1058	2111	3572	3582	4534	5168	5302
12	南宁海关	72	267	800	1810	3100	4601	4221
13	厦门海关	501	1193	2174	2475	2686	3689	4087
14	石家庄海关	55	234	1493	1827	2992	3898	3541
15	成都海关	69	158	757	998	3303	3488	3432
16	郑州海关	23	82	280	1774	2444	2965	2982
17	湛江海关	255	732	1233	1068	1374	2171	2904
18	济南海关	–	–	–	1099	2104	2479	2667
19	重庆海关	52	122	272	1109	1950	2276	2252
20	福州海关	229	425	596	692	1484	2159	2200
21	合肥海关	28	85	591	739	1650	2010	1968
22	拱北海关	513	1390	1789	1356	1499	1664	1806
23	乌鲁木齐海关	97	272	797	1001	1174	1228	1776
24	哈尔滨海关	42	117	136	538	929	1236	1658
25	武汉海关	54	245	573	826	1301	1491	1516
26	西安海关	52	101	334	916	1711	1967	1389
27	昆明海关	24	90	118	384	918	1007	1274
28	海口海关	30	88	512	684	815	994	1232
29	南昌海关	14	55	425	468	872	1002	1199
30	沈阳海关	74	185	326	391	914	1164	1099
31	长沙海关	43	118	276	472	943	882	983
32	汕头海关	187	265	337	311	322	523	722
33	呼和浩特海关	39	186	261	311	467	558	657
34	江门海关	180	246	283	306	389	438	538
35	长春海关	58	214	420	474	549	522	464
36	满洲里海关	160	319	609	198	230	244	356
37	兰州海关	6	77	252	92	117	177	263
38	太原海关	26	84	275	127	199	358	241
39	贵阳海关	8	18	32	116	79	111	134
40	银川海关	9	16	49	36	12	10	23
41	西宁海关	3	9	20	3	4	2	4
42	拉萨海关	0	1	3	10	3	14	1

注：1. 按 2022 年总额降序排列。

2. 济南海关成立于 2013 年。

关别进口总额（美元）

单位：亿美元

序号	关　别	2000年	2005年	2010年	2015年	2020年	2021年	2022年
	总　额	**2251**	**6600**	**13962**	**16796**	**20660**	**26794**	**27065**
1	上海海关	477	1382	2613	3167	3907	4963	4723
2	深圳海关	341	978	1895	2615	2538	3294	2957
3	南京海关	131	861	1568	1671	2079	2579	2612
4	青岛海关	143	444	1264	1247	1498	2132	2360
5	天津海关	133	371	846	879	1035	1268	1414
6	黄埔海关	245	507	893	993	1198	1428	1302
7	宁波海关	70	313	609	519	643	912	1057
8	杭州海关	38	118	389	358	570	865	1054
9	北京海关	98	248	466	601	599	731	825
10	大连海关	95	221	524	531	653	809	824
11	广州海关	128	257	527	576	656	799	796
12	南宁海关	9	32	118	290	448	712	632
13	厦门海关	60	145	321	399	388	571	615
14	石家庄海关	7	28	220	295	432	603	533
15	成都海关	8	19	112	160	478	540	515
16	郑州海关	3	10	41	285	357	459	447
17	湛江海关	31	89	182	172	199	336	436
18	济南海关	–	–	–	177	303	384	401
19	重庆海关	6	15	40	179	282	352	339
20	福州海关	28	52	88	112	214	334	330
21	合肥海关	3	10	87	119	239	311	297
22	拱北海关	62	169	264	218	217	257	272
23	乌鲁木齐海关	12	33	118	161	169	190	266
24	哈尔滨海关	5	14	20	87	134	191	248
25	武汉海关	6	30	84	132	188	230	228
26	西安海关	6	12	49	147	247	304	209
27	昆明海关	3	11	17	62	133	156	190
28	海口海关	4	11	80	110	118	154	185
29	南昌海关	2	7	63	75	126	155	180
30	沈阳海关	9	22	48	63	132	180	165
31	长沙海关	5	14	41	76	136	136	147
32	汕头海关	23	32	50	50	46	81	108
33	呼和浩特海关	5	23	38	50	67	86	98
34	江门海关	22	30	42	49	56	68	81
35	长春海关	7	26	62	76	79	81	69
36	满洲里海关	19	39	90	32	33	38	53
37	兰州海关	1	9	37	15	17	27	40
38	太原海关	3	10	40	21	29	55	36
39	贵阳海关	1	2	5	18	12	17	20
40	银川海关	1	2	7	6	2	2	3
41	西宁海关	0	1	3	0	1	0	1
42	拉萨海关	0	0	0	2	0	2	0

注：1. 按2022年总额降序排列。

2. 济南海关成立于2013年。

关别出口总额（人民币）

单位：亿元

序号	关　别	2000 年	2005 年	2010 年	2015 年	2020 年	2021 年	2022 年
	总　额	**20634**	**62648**	**107023**	**141167**	**179279**	**214255**	**236337**
1	上海海关	5102	17476	28714	30986	37564	43634	45386
2	深圳海关	3684	10681	19376	27112	36330	40530	43315
3	南京海关	716	4405	8929	10082	13028	16096	17978
4	宁波海关	552	2975	6818	8756	12150	14616	17887
5	青岛海关	1394	4059	7640	8834	10717	13892	16769
6	广州海关	1215	2561	3813	6419	8843	10693	11482
7	天津海关	1369	3677	5399	6158	6106	8099	10172
8	厦门海关	709	2311	3600	4891	6197	7566	8559
9	杭州海关	103	416	1750	3541	5264	6809	8543
10	黄埔海关	2112	4594	6239	8747	6967	8543	8524
11	成都海关	33	43	263	1070	3907	4405	4432
12	郑州海关	12	41	75	2020	3522	4341	4315
13	重庆海关	41	134	326	2109	3544	4352	4288
14	大连海关	1023	2147	3119	3306	3167	3744	4112
15	拱北海关	588	1825	2691	3105	2611	2768	3741
16	南宁海关	89	186	671	1961	3246	3902	3414
17	济南海关	–	–	–	1151	1921	2648	3265
18	乌鲁木齐海关	61	436	1076	1247	1174	1514	2678
19	西安海关	17	35	158	648	1864	2410	2546
20	武汉海关	59	153	427	866	1271	1728	2031
21	北京海关	382	1432	1720	1674	1588	2596	1816
22	福州海关	321	546	760	1127	1174	1432	1646
23	合肥海关	28	47	120	602	1037	1192	1484
24	汕头海关	280	432	617	735	660	767	1008
25	江门海关	260	516	643	769	829	924	953
26	石家庄海关	126	393	370	673	518	759	935
27	长沙海关	23	71	166	395	1071	881	918
28	南昌海关	10	40	241	356	764	835	843
29	昆明海关	44	110	239	471	935	776	788
30	海口海关	32	55	138	254	245	269	520
31	哈尔滨海关	39	320	286	201	145	191	435
32	湛江海关	77	165	211	233	217	287	358
33	满洲里海关	14	34	59	104	126	178	274
34	沈阳海关	48	112	145	163	206	252	258
35	呼和浩特海关	11	47	95	98	149	208	226
36	长春海关	17	57	77	85	90	114	176
37	贵阳海关	5	10	8	159	56	88	140
38	太原海关	32	71	6	4	44	157	43
39	拉萨海关	0	11	36	32	15	27	27
40	银川海关	0	0	0	12	10	20	26
41	兰州海关	1	9	3	13	7	14	24
42	西宁海关	1	14	1	0	0	0	2

注：1. 按 2022 年总额降序排列。

2. 济南海关成立于 2013 年。

关别出口总额（美元）

单位：亿美元

序号	关 别	2000年	2005年	2010年	2015年	2020年	2021年	2022年
	总 额	**2492**	**7620**	**15778**	**22735**	**25900**	**33160**	**35444**
1	上海海关	616	2123	4232	4993	5418	6754	6796
2	深圳海关	445	1304	2860	4364	5255	6273	6484
3	南京海关	86	536	1316	1624	1882	2491	2701
4	宁波海关	67	361	1005	1411	1754	2262	2694
5	青岛海关	168	492	1126	1422	1549	2150	2517
6	广州海关	147	312	562	1034	1277	1654	1727
7	天津海关	165	446	794	994	882	1254	1525
8	厦门海关	86	281	531	788	896	1171	1285
9	杭州海关	12	51	258	570	758	1053	1283
10	黄埔海关	255	559	920	1410	1006	1322	1282
11	成都海关	4	5	39	173	565	682	664
12	郑州海关	1	5	11	323	513	672	648
13	重庆海关	5	16	48	340	512	674	646
14	大连海关	124	261	460	533	457	579	617
15	拱北海关	71	222	397	499	378	428	562
16	南宁海关	11	23	99	315	470	604	505
17	济南海关	–	–	–	186	278	410	491
18	乌鲁木齐海关	7	53	159	182	169	234	398
19	西安海关	2	4	23	104	269	373	383
20	武汉海关	7	19	63	139	184	267	305
21	北京海关	46	174	253	269	229	402	273
22	福州海关	39	66	112	200	169	221	248
23	合肥海关	3	6	18	97	150	184	223
24	汕头海关	34	53	91	118	95	119	151
25	江门海关	31	63	95	124	120	143	144
26	石家庄海关	15	48	54	109	75	117	140
27	长沙海关	3	9	25	63	155	136	137
28	南昌海关	1	5	36	57	110	129	125
29	昆明海关	5	13	35	76	136	120	117
30	海口海关	4	7	20	41	35	42	77
31	哈尔滨海关	5	39	42	32	21	30	64
32	湛江海关	9	20	31	38	31	44	53
33	满洲里海关	2	4	9	17	18	28	40
34	沈阳海关	6	14	21	26	30	39	39
35	呼和浩特海关	1	6	14	16	21	32	34
36	长春海关	2	7	11	14	13	18	26
37	贵阳海关	1	1	1	25	8	14	21
38	太原海关	4	9	1	1	6	24	6
39	拉萨海关	0	1	5	5	2	4	4
40	银川海关	0	0	0	2	1	3	4
41	兰州海关	0	1	0	2	1	2	4
42	西宁海关	0	2	0	0	0	0	0

注：1. 按2022年总额降序排列。
2. 济南海关成立于2013年。

二、贸易伙伴

2023

中国海关统计摘要

与主要国家（地区）进出口总额（人民币）

单位：亿元

序号	国家（地区）	2000 年	2005 年	2010 年	2015 年	2020 年
	总　额	**39273**	**116922**	**201722**	**245503**	**322215**
1	美国	6148	17391	26142	34585	40615
2	韩国	2851	9205	14051	17136	19766
3	日本	6877	15184	20200	17297	21956
4	中国台湾	2525	7494	9863	11683	18023
5	中国香港	4462	11218	15623	21360	19306
6	越南	203	674	2039	5963	13283
7	德国	1627	5206	9658	9741	13281
8	澳大利亚	698	2242	5991	7065	11861
9	马来西亚	665	2523	5036	6034	9093
10	俄罗斯	660	2392	3767	4225	7495
11	巴西	235	1219	4246	4432	8347
12	印度尼西亚	614	1381	2899	3363	5432
13	印度	241	1539	4191	4442	6066
14	泰国	548	1793	3590	4686	6835
15	荷兰	654	2368	3811	4239	6352
16	中国	594	4525	7244	8914	8668
17	沙特阿拉伯	256	1322	2930	3199	4650
18	新加坡	893	2725	3873	4936	6180
19	英国	814	2015	3396	4875	6400
20	阿联酋	206	886	1743	3011	3419
21	加拿大	571	1577	2519	3454	4447
22	墨西哥	151	638	1679	2720	4227
23	菲律宾	259	1443	1883	2835	4234
24	法国	634	1698	3038	3195	4610
25	意大利	569	1533	3062	2773	3818
26	智利	175	587	1762	1971	3133
27	瑞士	181	480	1362	2761	1553
28	南非	169	598	1741	2863	2492
29	伊拉克	81	68	670	1276	2096
30	西班牙	226	866	1657	1703	2626
	* 欧洲联盟	5699	17878	32541	35073	51348
	* 东南亚国家联盟	3260	10717	19863	29298	47406

与主要国家（地区）进出口总额（人民币）

续表

序号	国家（地区）	2018 年	2019 年	2020 年	2021 年	2022 年
	总　额	**305008**	**315627**	**322215**	**387392**	**416728**
1	美国	41798	37330	40615	48174	50020
2	韩国	20667	19605	19766	23201	23922
3	日本	21618	21711	21956	23903	23748
4	中国台湾	14926	15735	18023	21072	21099
5	中国香港	20527	19881	19306	22995	20099
6	越南	9773	11182	13283	14766	15421
7	德国	12134	12741	13281	15100	15093
8	澳大利亚	10095	11681	11861	14763	14671
9	马来西亚	7163	8557	9093	11264	13401
10	俄罗斯	7079	7652	7495	9480	12738
11	巴西	7336	7965	8347	10546	11401
12	印度尼西亚	5100	5503	5432	7995	9898
13	印度	6293	6395	6066	8046	8935
14	泰国	5769	6326	6835	8398	8857
15	荷兰	5625	5878	6352	7459	8651
16	中国	9647	8950	8668	10038	8036
17	沙特阿拉伯	4184	5383	4650	5566	7694
18	新加坡	5452	6211	6180	6000	7453
19	英国	5316	5958	6400	7178	6824
20	阿联酋	3034	3363	3419	4627	6585
21	加拿大	4192	4483	4447	5227	6378
22	墨西哥	3832	4187	4227	5561	6301
23	菲律宾	3670	4204	4234	5211	5711
24	法国	4159	4522	4610	5443	5385
25	意大利	3578	3787	3818	4756	5149
26	智利	2810	2822	3133	4229	4440
27	瑞士	2791	2192	1553	2848	3825
28	南非	2869	2926	2492	3474	3758
29	伊拉克	2012	2304	2096	2392	3534
30	西班牙	2223	2447	2626	3103	3419
	* 欧洲联盟	45029	48637	51348	53098	56158
	* 东南亚国家联盟	38770	44268	47406	56152	64015

注：1. 按 2022 年总额降序排列，取前 30 名国家（地区）数据。

2. 带“*”数据不参与排序。

3. 2020 年 1 月英国脱欧，2020 年开始总额不包含英国数据。

与主要国家（地区）进出口总额（美元）

单位：亿美元

序号	国家（地区）	2000 年	2005 年	2010 年	2015 年	2020 年
	总　额	**4743**	**14219**	**29740**	**39530**	**46559**
1	美国	742	2115	3854	5570	5870
2	韩国	344	1119	2071	2758	2856
3	日本	830	1844	2978	2785	3173
4	中国台湾	305	912	1454	1881	2606
5	中国香港	539	1367	2306	3432	2796
6	越南	24	82	301	959	1923
7	德国	196	633	1423	1568	1919
8	澳大利亚	84	273	883	1138	1712
9	马来西亚	80	307	742	973	1315
10	俄罗斯	80	291	555	680	1082
11	巴西	28	148	626	715	1205
12	印度尼西亚	74	168	428	542	785
13	印度	29	187	618	716	877
14	泰国	66	218	529	755	987
15	荷兰	79	288	562	682	918
16	中国	72	552	1069	1434	1253
17	沙特阿拉伯	31	161	432	516	672
18	新加坡	108	331	571	795	892
19	英国	98	245	501	785	924
20	阿联酋	25	108	257	485	494
21	加拿大	69	192	371	557	642
22	墨西哥	18	78	248	438	610
23	菲律宾	31	176	278	456	612
24	法国	76	206	448	514	667
25	意大利	69	186	451	447	552
26	智利	21	71	260	318	453
27	瑞士	22	58	201	443	224
28	南非	20	73	257	460	361
29	伊拉克	10	8	99	206	302
30	西班牙	27	105	244	274	379
	＊欧洲联盟	690	2173	4796	5646	7418
	＊东南亚国家联盟	394	1304	2929	4718	6853

与主要国家（地区）进出口总额（美元）

续表

序号	国家（地区）	2018 年	2019 年	2020 年	2021 年	2022 年
	总　额	**46224**	**45779**	**46559**	**59954**	**62509**
1	美国	6335	5416	5870	7455	7516
2	韩国	3134	2845	2856	3591	3594
3	日本	3277	3150	3173	3696	3562
4	中国台湾	2262	2281	2606	3262	3173
5	中国香港	3105	2882	2796	3561	3008
6	越南	1478	1620	1923	2285	2309
7	德国	1838	1849	1919	2336	2265
8	澳大利亚	1531	1695	1712	2284	2201
9	马来西亚	1086	1241	1315	1744	2006
10	俄罗斯	1071	1109	1082	1468	1899
11	巴西	1112	1155	1205	1632	1712
12	印度尼西亚	773	798	785	1238	1482
13	印度	955	928	877	1245	1342
14	泰国	875	917	987	1299	1330
15	荷兰	852	852	918	1155	1298
16	中国	1462	1298	1253	1554	1207
17	沙特阿拉伯	633	781	672	862	1155
18	新加坡	828	900	892	929	1113
19	英国	804	864	924	1111	1024
20	阿联酋	459	487	494	716	986
21	加拿大	635	651	642	809	953
22	墨西哥	580	607	610	861	945
23	菲律宾	556	610	612	807	856
24	法国	629	656	667	842	807
25	意大利	542	549	552	736	773
26	智利	426	409	453	654	668
27	瑞士	425	318	224	441	570
28	南非	435	425	361	537	563
29	伊拉克	304	334	302	370	529
30	西班牙	337	355	379	480	513
	*欧洲联盟	6820	7054	7418	8217	8427
	*东南亚国家联盟	5876	6417	6853	8690	9585

注：1. 按 2022 年总额降序排列，取前 30 名国家（地区）数据。

2. 带“*”数据不参与排序。

3. 2020 年 1 月英国脱欧，2020 年开始总额不包含英国数据。

自主要国家（地区）进口总额（人民币）

单位：亿元

序号	国家（地区）	2000 年	2005 年	2010 年	2015 年	2020 年
	总　额	**18639**	**54274**	**94700**	**104336**	**142936**
1	中国台湾	2109	6133	7850	8898	13862
2	韩国	1917	6316	9385	10846	11981
3	日本	3434	8267	11989	8876	12076
4	美国	1841	4000	6924	9181	9342
5	澳大利亚	415	1333	4145	4561	8160
6	中国	594	4525	7244	8914	8668
7	俄罗斯	476	1307	1759	2065	3995
8	德国	861	2531	5040	5448	7268
9	马来西亚	453	1651	3421	3308	5201
10	巴西	134	822	2586	2736	5931
11	越南	76	210	473	1862	5414
12	印度尼西亚	361	694	1410	1234	2594
13	沙特阿拉伯	162	1007	2226	1860	2702
14	泰国	363	1150	2251	2308	3335
15	瑞士	120	319	1155	2564	1203
16	阿联酋	34	168	302	715	1182
17	智利	110	411	1218	1146	2072
18	加拿大	310	618	1012	1629	1530
19	伊拉克	54	34	425	785	1339
20	阿曼	268	340	663	933	1083
21	法国	327	741	1162	1535	2048
22	新加坡	419	1358	1677	1711	2190
23	南非	85	283	1009	1879	1437
24	意大利	255	571	951	1045	1536
25	科威特	25	84	455	466	742
26	秘鲁	46	187	433	494	1017
27	安哥拉	151	541	1550	991	1021
28	菲律宾	139	1057	1100	1177	1337
29	卡塔尔	36	39	166	286	573
30	英国	293	454	767	1174	1378
	* 欧洲联盟	2545	6059	11425	12980	19248
	* 东南亚国家联盟	1830	6163	10490	12084	20858

自主要国家（地区）进口总额（人民币）

续表

序号	国家（地区）	2018 年	2019 年	2020 年	2021 年	2022 年
	总　额	**140880**	**143254**	**142936**	**173137**	**180391**
1	中国台湾	11714	11935	13862	16041	15680
2	韩国	13496	11959	11981	13773	13224
3	日本	11911	11838	12076	13260	12275
4	美国	10197	8466	9342	11529	11737
5	澳大利亚	6969	8352	8160	10530	9464
6	中国	9647	8950	8668	10038	8036
7	俄罗斯	3913	4217	3995	5140	7655
8	德国	7018	7240	7268	7728	7391
9	马来西亚	4170	4960	5201	6329	7327
10	巴西	5123	5513	5931	7105	7285
11	越南	4230	4432	5414	5965	5885
12	沙特阿拉伯	3035	3737	2702	4128	5211
13	印度尼西亚	2248	2352	2594	3680	5195
14	泰国	2942	3181	3335	3989	3764
15	瑞士	2524	1879	1203	2445	3318
16	阿联酋	1077	1057	1182	1844	3035
17	智利	1763	1808	2072	2550	2956
18	加拿大	1869	1937	1530	1969	2855
19	伊拉克	1490	1651	1339	1722	2629
20	阿曼	1249	1355	1083	1846	2409
21	法国	2136	2247	2048	2502	2367
22	新加坡	2222	2428	2190	2506	2220
23	南非	1798	1786	1437	2130	2166
24	意大利	1389	1477	1536	1958	1795
25	科威特	1012	926	742	1146	1764
26	秘鲁	983	1046	1017	1556	1596
27	安哥拉	1705	1640	1021	1358	1541
28	菲律宾	1359	1392	1337	1599	1531
29	卡塔尔	605	601	573	853	1506
30	英国	1578	1650	1378	1659	1448
	* 欧洲联盟	18064	19066	19248	19965	18973
	* 东南亚国家联盟	17721	19465	20858	25489	27209

注：1. 按 2022 年总额降序排列，取前 30 名国家（地区）数据。

2. 带“*”数据不参与排序。

3. 2020 年 1 月英国脱欧，2020 年开始总额不包含英国数据。

自主要国家（地区）进口总额（美元）

单位：亿美元

序号	国家（地区）	2000 年	2005 年	2010 年	2015 年	2020 年
	总　额	**2251**	**6600**	**13962**	**16796**	**20660**
1	中国台湾	255	747	1157	1432	2005
2	韩国	232	768	1383	1745	1731
3	日本	415	1004	1767	1429	1747
4	美国	224	486	1021	1478	1353
5	澳大利亚	50	162	611	735	1177
6	中国	72	552	1069	1434	1253
7	俄罗斯	58	159	259	333	577
8	德国	104	307	743	876	1051
9	马来西亚	55	201	504	533	752
10	巴西	16	100	381	441	855
11	越南	9	26	70	298	785
12	沙特阿拉伯	20	122	328	300	391
13	印度尼西亚	44	84	208	199	375
14	泰国	44	140	332	372	481
15	瑞士	15	39	170	411	174
16	阿联酋	4	20	45	115	171
17	智利	13	50	180	185	299
18	加拿大	38	75	149	262	221
19	伊拉克	6	4	63	127	193
20	阿曼	33	41	98	150	157
21	法国	39	90	171	247	297
22	新加坡	51	165	247	276	316
23	南非	10	34	149	302	208
24	意大利	31	69	140	168	222
25	科威特	3	10	67	75	107
26	秘鲁	6	23	64	79	147
27	安哥拉	18	66	228	160	148
28	菲律宾	17	129	162	190	193
29	卡塔尔	4	5	25	46	83
30	英国	36	55	113	189	199
	＊欧洲联盟	308	736	1684	2088	2784
	＊东南亚国家联盟	221	750	1547	1945	3016

自主要国家（地区）进口总额（美元）

续表

序号	国家（地区）	2018 年	2019 年	2020 年	2021 年	2022 年
	总　额	**21357**	**20784**	**20660**	**26794**	**27065**
1	中国台湾	1776	1730	2005	2483	2357
2	韩国	2046	1736	1731	2132	1989
3	日本	1807	1718	1747	2050	1842
4	美国	1551	1229	1353	1784	1762
5	澳大利亚	1058	1213	1177	1629	1422
6	中国	1462	1298	1253	1554	1207
7	俄罗斯	591	612	577	796	1144
8	德国	1063	1051	1051	1195	1109
9	马来西亚	632	719	752	980	1097
10	巴西	776	800	855	1099	1094
11	越南	640	641	785	923	879
12	沙特阿拉伯	459	542	391	570	781
13	印度尼西亚	341	341	375	639	779
14	泰国	446	462	481	617	566
15	瑞士	385	273	174	379	494
16	阿联酋	162	153	171	286	454
17	智利	267	262	299	394	445
18	加拿大	284	282	221	305	423
19	伊拉克	225	239	193	267	394
20	阿曼	189	197	157	286	362
21	法国	322	326	297	387	354
22	新加坡	337	352	316	388	334
23	南非	273	259	208	330	324
24	意大利	211	214	222	303	269
25	科威特	153	134	107	178	265
26	秘鲁	149	152	147	241	240
27	安哥拉	258	238	148	210	232
28	菲律宾	206	202	193	247	230
29	卡塔尔	91	87	83	132	226
30	英国	239	239	199	257	218
	＊欧洲联盟	2735	2766	2784	3089	2845
	＊东南亚国家联盟	2686	2822	3016	3945	4075

注：1. 按 2022 年总额降序排列，取前 30 名国家（地区）数据。
2. 带“＊”数据不参与排序。
3. 2020 年 1 月英国脱欧，2020 年开始总额不包含英国数据。

对主要国家（地区）出口总额（人民币）

单位：亿元

序号	国家（地区）	2000 年	2005 年	2010 年	2015 年	2020 年
	总　额	**20634**	**62648**	**107023**	**141167**	**179279**
1	美国	4307	13392	19218	25404	31273
2	中国香港	3678	10213	14791	20565	18824
3	日本	3444	6917	8211	8421	9880
4	韩国	933	2889	4666	6290	7785
5	越南	127	464	1566	4101	7869
6	荷兰	552	2127	3372	3693	5468
7	印度	129	735	2776	3612	4613
8	德国	767	2675	4618	4293	6013
9	马来西亚	212	872	1615	2726	3893
10	中国台湾	416	1361	2013	2785	4161
11	英国	522	1561	2630	3701	5023
12	新加坡	475	1367	2196	3225	3990
13	澳大利亚	284	910	1846	2504	3701
14	墨西哥	110	455	1213	2096	3105
15	泰国	186	643	1339	2378	3500
16	俄罗斯	184	1085	2008	2159	3501
17	印度尼西亚	253	688	1489	2129	2838
18	菲律宾	121	386	783	1657	2898
19	巴西	101	397	1660	1696	2416
20	阿联酋	171	718	1441	2296	2237
21	加拿大	261	958	1508	1825	2917
22	意大利	314	962	2112	1728	2282
23	法国	307	957	1876	1660	2561
24	西班牙	175	695	1234	1356	1907
25	波兰	71	214	641	891	1851
26	沙特阿拉伯	94	315	704	1339	1948
27	比利时	189	637	970	1005	1437
28	土耳其	89	350	810	1153	1409
29	孟加拉国	74	198	463	862	1042
30	南非	84	315	733	984	1055
	* 欧洲联盟	3154	11819	21116	22093	32100
	* 东南亚国家联盟	1430	4554	9373	17214	26547

对主要国家（地区）出口总额（人民币）

续表

序号	国家（地区）	2018 年	2019 年	2020 年	2021 年	2022 年
	总　额	**164128**	**172374**	**179279**	**214255**	**236337**
1	美国	31601	28864	31273	36646	38284
2	中国香港	19963	19257	18824	22373	19579
3	日本	9707	9873	9880	10643	11474
4	韩国	7172	7646	7785	9428	10698
5	越南	5542	6750	7869	8801	9536
6	荷兰	4810	5105	5468	6554	7816
7	印度	5052	5156	4613	6228	7775
8	德国	5115	5501	6013	7372	7701
9	马来西亚	2994	3596	3893	4936	6074
10	中国台湾	3212	3801	4161	5031	5419
11	英国	3738	4308	5023	5519	5377
12	新加坡	3231	3783	3990	3495	5233
13	澳大利亚	3126	3329	3701	4233	5207
14	墨西哥	2905	3199	3105	4324	5140
15	泰国	2827	3145	3500	4409	5093
16	俄罗斯	3166	3434	3501	4340	5083
17	印度尼西亚	2852	3151	2838	3867	4688
18	菲律宾	2310	2812	2898	3613	4180
19	巴西	2214	2453	2416	3441	4116
20	阿联酋	1957	2306	2237	2783	3549
21	加拿大	2323	2547	2917	3258	3523
22	意大利	2188	2310	2282	2798	3354
23	法国	2023	2275	2561	2941	3018
24	西班牙	1646	1854	1907	2308	2768
25	波兰	1379	1647	1851	2345	2520
26	沙特阿拉伯	1149	1646	1948	1886	2499
27	比利时	1123	1257	1437	1925	2361
28	土耳其	1165	1195	1409	1866	2244
29	孟加拉国	1170	1194	1042	1539	1760
30	南非	1072	1140	1055	1344	1591
	* 欧洲联盟	26966	29571	32100	33133	37185
	* 东南亚国家联盟	21049	24803	26547	30662	36805

注：1. 按 2022 年总额降序排列，取前 30 名国家（地区）数据。
2. 带“*”数据不参与排序。
3. 2020 年 1 月英国脱欧，2020 年开始总额不包含英国数据。

对主要国家（地区）出口总额（美元）

单位：亿美元

序号	国家（地区）	2000 年	2005 年	2010 年	2015 年	2020 年
	总　额	**2492**	**7620**	**15778**	**22735**	**25900**
1	美国	521	1629	2833	4092	4518
2	中国香港	444	1245	2183	3305	2726
3	日本	417	840	1210	1356	1426
4	韩国	113	351	688	1013	1125
5	越南	15	56	231	660	1138
6	荷兰	67	259	497	595	790
7	印度	16	89	409	582	667
8	德国	93	325	680	692	868
9	马来西亚	26	106	238	440	563
10	中国台湾	50	165	297	449	601
11	英国	63	190	388	596	726
12	澳大利亚	34	111	272	403	535
13	新加坡	58	166	323	519	576
14	墨西哥	13	55	179	338	448
15	泰国	22	78	197	383	505
16	俄罗斯	22	132	296	348	505
17	印度尼西亚	31	84	220	343	410
18	菲律宾	15	47	115	267	419
19	巴西	12	48	245	274	350
20	阿联酋	21	87	212	370	323
21	加拿大	32	117	222	294	421
22	意大利	38	117	311	278	329
23	法国	37	116	277	267	370
24	西班牙	21	84	182	219	275
25	波兰	9	26	94	143	267
26	沙特阿拉伯	11	38	104	216	281
27	比利时	23	77	143	162	208
28	土耳其	11	43	119	186	203
29	孟加拉国	9	24	68	139	151
30	南非	10	38	108	159	152
	* 欧洲联盟	382	1437	3112	3558	4634
	* 东南亚国家联盟	173	554	1382	2773	3837

对主要国家（地区）出口总额（美元）

续表

序号	国家（地区）	2018 年	2019 年	2020 年	2021 年	2022 年
	总　额	**24867**	**24995**	**25900**	**33160**	**35444**
1	美国	4784	4187	4518	5672	5755
2	中国香港	3020	2792	2726	3465	2931
3	日本	1470	1432	1426	1646	1720
4	韩国	1088	1110	1125	1459	1605
5	越南	839	979	1138	1362	1429
6	荷兰	728	740	790	1015	1172
7	印度	767	748	667	964	1167
8	德国	775	798	868	1141	1156
9	马来西亚	454	521	563	764	909
10	中国台湾	486	551	601	779	815
11	英国	565	624	726	854	806
12	澳大利亚	473	482	535	655	779
13	新加坡	490	548	576	541	779
14	墨西哥	440	464	448	669	771
15	泰国	429	456	505	682	764
16	俄罗斯	480	497	505	672	755
17	印度尼西亚	432	456	410	598	703
18	菲律宾	350	408	419	559	626
19	巴西	337	355	350	533	618
20	阿联酋	297	334	323	431	531
21	加拿大	352	369	421	504	530
22	意大利	332	335	329	433	505
23	法国	307	330	370	455	454
24	西班牙	250	269	275	357	416
25	波兰	209	239	267	363	378
26	沙特阿拉伯	174	239	281	292	374
27	比利时	171	182	208	298	353
28	土耳其	178	173	203	289	337
29	孟加拉国	178	173	151	238	265
30	南非	162	165	152	208	238
	* 欧洲联盟	4085	4288	4634	5128	5582
	* 东南亚国家联盟	3190	3595	3837	4745	5510

注：1. 按 2022 年总额降序排列，取前 30 名国家（地区）数据。

2. 带“*”数据不参与排序。

3. 2020 年 1 月英国脱欧，2020 年开始总额不包含英国数据。

与欧盟国家进出口总额（人民币）

单位：亿元

序 号	国 家	2000 年	2005 年	2010 年	2015 年	2020 年	2021 年	2022 年
	总 额	**5699**	**17878**	**32541**	**35073**	**44948**	**53098**	**56158**
1	德国	1627	5206	9658	9741	13281	15100	15093
2	荷兰	654	2368	3811	4239	6352	7459	8651
3	法国	634	1698	3038	3195	4610	5443	5385
4	意大利	569	1533	3062	2773	3818	4756	5149
5	西班牙	226	866	1657	1703	2626	3103	3419
6	比利时	304	966	1502	1440	1978	2478	2940
7	波兰	–	259	756	1061	2150	2703	2857
8	捷克	–	168	600	685	1305	1366	1578
9	爱尔兰	59	379	367	442	1249	1441	1549
10	瑞典	288	469	788	839	1241	1348	1367
11	丹麦	110	328	531	636	934	1151	1056
12	匈牙利	–	235	592	502	810	1014	1033
13	希腊	52	167	296	245	541	767	907
14	奥地利	65	205	413	464	695	889	891
15	斯洛伐克	–	40	254	313	655	781	807
16	罗马尼亚	–	–	255	277	538	657	694
17	芬兰	264	514	645	436	495	589	653
18	葡萄牙	25	102	222	270	482	567	599
19	斯洛文尼亚	–	27	106	148	274	383	493
20	保加利亚	–	–	67	111	202	265	273
21	马耳他	–	44	164	175	122	176	169
22	克罗地亚	–	–	–	68	118	148	160
23	立陶宛	–	31	69	84	159	169	125
24	拉脱维亚	–	24	57	72	87	89	93
25	爱沙尼亚	–	30	58	74	79	83	82
26	塞浦路斯	–	24	93	40	64	57	80
27	卢森堡	8	180	85	164	85	114	57
28	英国	814	2015	3396	4875	–	–	–

注：1. 按 2022 年总额降序排列。

2. 2020 年 1 月英国脱欧，2020 年开始总额不包含英国数据。

与欧盟国家进出口总额（美元）

单位：亿美元

序号	国家	2000年	2005年	2010年	2015年	2020年	2021年	2022年
	总　额	**690**	**2173**	**4796**	**5646**	**6494**	**8217**	**8427**
1	德国	196	633	1423	1568	1919	2336	2265
2	荷兰	79	288	562	682	918	1155	1298
3	法国	76	206	448	514	667	842	807
4	意大利	69	186	451	447	552	736	773
5	西班牙	27	105	244	274	379	480	513
6	比利时	37	117	221	232	286	384	440
7	波兰	–	32	111	171	311	418	429
8	捷克	–	20	88	110	189	211	236
9	爱尔兰	7	46	54	71	180	223	232
10	瑞典	35	57	116	135	179	209	205
11	丹麦	13	40	78	102	135	178	159
12	匈牙利	–	29	87	81	117	157	155
13	希腊	6	20	43	40	78	119	136
14	奥地利	8	25	61	75	100	138	134
15	斯洛伐克	–	5	37	50	95	121	121
16	罗马尼亚	–	–	38	45	78	102	104
17	芬兰	32	63	95	70	71	91	98
18	葡萄牙	3	12	33	44	70	88	90
19	斯洛文尼亚	–	3	16	24	40	59	74
20	保加利亚	–	–	10	18	29	41	41
21	马耳他	–	5	24	28	18	27	25
22	克罗地亚	–	–	–	11	17	23	24
23	立陶宛	–	4	10	13	23	26	19
24	拉脱维亚	–	3	8	12	13	14	14
25	爱沙尼亚	–	4	9	12	11	13	12
26	塞浦路斯	–	3	14	6	9	9	12
27	卢森堡	1	22	12	26	12	18	8
28	英国	98	245	501	785	–	–	–

注：1. 按2022年总额降序排列。

2. 2020年1月英国脱欧，2020年开始总额不包含英国数据。

自欧盟国家进口总额（人民币）

单位：亿元

序 号	国 家	2000 年	2005 年	2010 年	2015 年	2020 年	2021 年	2022 年
	总 额	**2545**	**6059**	**11425**	**12980**	**17870**	**19965**	**18973**
1	德国	861	2531	5040	5448	7268	7728	7391
2	法国	327	741	1162	1535	2048	2502	2367
3	意大利	255	571	951	1045	1536	1958	1795
4	爱尔兰	31	117	232	267	972	1138	1206
5	荷兰	102	241	439	546	884	905	835
6	西班牙	51	171	423	347	718	794	651
7	瑞典	219	257	400	399	660	638	610
8	比利时	115	330	532	435	541	554	579
9	奥地利	39	133	287	309	459	544	550
10	斯洛伐克	–	15	121	139	445	488	511
11	丹麦	46	98	180	254	416	451	381
12	捷克	–	31	117	173	355	391	361
13	芬兰	195	216	272	216	290	344	351
14	波兰	–	46	115	170	299	358	337
15	匈牙利	–	30	149	179	296	360	337
16	罗马尼亚	–	–	51	80	182	227	205
17	葡萄牙	4	27	51	91	192	223	202
18	保加利亚	–	–	22	46	95	116	84
19	希腊	4	7	27	18	53	63	56
20	斯洛文尼亚	–	5	12	18	35	41	39
21	马耳他	–	20	39	27	27	36	39
22	拉脱维亚	–	1	3	9	14	15	25
23	卢森堡	4	12	18	19	19	20	22
24	爱沙尼亚	–	5	12	15	19	18	20
25	克罗地亚	–	–	–	7	10	22	11
26	立陶宛	–	1	3	9	34	28	6
27	塞浦路斯	–	0	1	3	2	2	2
28	英国	293	454	767	1174	–	–	–

注：1. 按 2022 年总额降序排列。

2. 2020 年 1 月英国脱欧，2020 年开始总额不包含英国数据。

自欧盟国家进口总额（美元）

单位：亿美元

序号	国家	2000年	2005年	2010年	2015年	2020年	2021年	2022年
	总　额	**308**	**736**	**1684**	**2088**	**2585**	**3089**	**2845**
1	德国	104	307	743	876	1051	1195	1109
2	法国	39	90	171	247	297	387	354
3	意大利	31	69	140	168	222	303	269
4	爱尔兰	4	14	34	43	140	176	181
5	荷兰	12	29	65	88	128	140	125
6	西班牙	6	21	62	56	104	123	98
7	瑞典	26	31	59	64	95	99	91
8	比利时	14	40	78	70	78	86	87
9	奥地利	5	16	42	50	66	84	82
10	斯洛伐克	–	2	18	22	64	75	77
11	丹麦	6	12	26	41	60	70	57
12	捷克	–	4	17	28	51	61	54
13	芬兰	24	26	40	35	42	53	53
14	波兰	–	6	17	27	43	55	51
15	匈牙利	–	4	22	29	43	56	50
16	罗马尼亚	–	–	8	13	26	35	31
17	葡萄牙	0	3	8	15	28	35	30
18	保加利亚	–	–	3	7	14	18	13
19	希腊	0	1	4	3	8	10	8
20	斯洛文尼亚	–	1	2	3	5	6	6
21	马耳他	–	2	6	4	4	6	6
22	拉脱维亚	–	0	0	1	2	2	4
23	卢森堡	0	2	3	3	3	3	3
24	爱沙尼亚	–	1	2	2	3	3	3
25	克罗地亚	–	–	–	1	1	3	2
26	立陶宛	–	0	0	1	5	4	1
27	塞浦路斯	–	0	0	0	0	0	0
28	英国	35	55	113	189	–	–	–

注：1. 按2022年总额降序排列。

2. 2020年1月英国脱欧，2020年开始总额不包含英国数据。

对欧盟国家出口总额（人民币）

单位：亿元

序号	国家	2000年	2005年	2010年	2015年	2020年	2021年	2022年
	总额	**3154**	**11819**	**21116**	**22093**	**27078**	**33133**	**37185**
1	荷兰	552	2127	3372	3693	5468	6554	7816
2	德国	767	2675	4618	4293	6013	7372	7701
3	意大利	314	962	2112	1728	2282	2798	3354
4	法国	307	957	1876	1660	2561	2941	3018
5	西班牙	175	695	1234	1356	1907	2308	2768
6	波兰	–	214	641	891	1851	2345	2520
7	比利时	189	637	970	1005	1437	1925	2361
8	捷克	–	137	483	512	950	975	1217
9	希腊	48	159	269	228	488	704	851
10	瑞典	69	212	387	440	581	711	756
11	匈牙利	–	205	442	323	514	654	697
12	丹麦	65	230	352	381	518	701	674
13	罗马尼亚	–	–	204	196	355	430	489
14	斯洛文尼亚	5	22	94	130	239	342	454
15	葡萄牙	22	75	171	180	290	344	396
16	爱尔兰	28	262	135	175	277	303	343
17	奥地利	26	73	126	155	236	345	341
18	芬兰	69	298	373	220	205	245	301
19	斯洛伐克	–	25	133	174	210	293	296
20	保加利亚	–	–	45	65	107	149	189
21	克罗地亚	–	–	–	61	109	126	150
22	马耳他	–	25	125	148	95	140	130
23	立陶宛	–	30	67	75	125	141	119
24	塞浦路斯	–	24	91	37	62	56	78
25	拉脱维亚	–	23	54	63	73	74	68
26	爱沙尼亚	–	26	46	59	60	65	63
27	卢森堡	4	168	67	144	66	93	35
28	英国	522	1561	2630	3701	–	–	–

注：1. 按2022年总额降序排列。

2. 2020年1月英国脱欧，2020年开始总额不包含英国数据。

对欧盟国家出口总额（美元）

单位：亿美元

序号	国家	2000 年	2005 年	2010 年	2015 年	2020 年	2021 年	2022 年
	总 额	**382**	**1437**	**3112**	**3558**	**3909**	**5128**	**5582**
1	荷兰	67	259	497	595	790	1015	1172
2	德国	93	325	680	692	868	1141	1156
3	意大利	38	117	311	278	329	433	505
4	法国	37	116	277	267	370	455	454
5	西班牙	21	84	182	219	275	357	416
6	波兰	–	26	94	143	267	363	378
7	比利时	23	77	143	162	208	298	353
8	捷克	–	17	71	82	137	151	182
9	希腊	6	19	40	37	70	109	128
10	瑞典	8	26	57	71	84	110	114
11	匈牙利	–	25	65	52	74	101	104
12	丹麦	8	28	52	62	75	108	102
13	罗马尼亚	–	–	30	32	51	67	73
14	斯洛文尼亚	–	3	14	21	35	53	68
15	葡萄牙	3	9	25	29	42	53	60
16	爱尔兰	3	32	20	28	40	47	51
17	奥地利	3	9	19	25	34	53	51
18	芬兰	8	36	55	35	29	38	45
19	斯洛伐克	–	3	20	28	30	45	44
20	保加利亚	–	–	7	10	15	23	28
21	克罗地亚	–	–	–	10	16	20	22
22	马耳他	–	3	18	24	14	22	20
23	立陶宛	–	4	10	12	18	22	18
24	塞浦路斯	–	3	13	6	9	9	12
25	拉脱维亚	–	3	8	10	11	11	10
26	爱沙尼亚	–	3	7	10	9	10	9
27	卢森堡	1	20	10	23	9	14	5
28	英国	63	190	388	596	–	–	–

注：1. 按 2022 年总额降序排列。

2. 2020 年 1 月英国脱欧，2020 年开始总额不包含英国数据。

与东盟国家进出口总额（人民币）

单位：亿元

序号	国家	2000年	2005年	2010年	2015年	2020年	2021年	2022年
	总额	**3260**	**10717**	**19863**	**29298**	**47406**	**56152**	**64015**
1	越南	203	674	2039	5963	13283	14766	15421
2	马来西亚	665	2523	5036	6034	9093	11264	13401
5	印度尼西亚	614	1381	2899	3363	5432	7995	9898
3	泰国	548	1793	3590	4686	6835	8398	8857
4	新加坡	893	2725	3873	4936	6180	6000	7453
6	菲律宾	259	1443	1883	2835	4234	5211	5711
7	缅甸	50	99	301	939	1306	1188	1652
8	柬埔寨	18	46	98	275	661	867	1041
9	老挝	3	11	74	172	248	279	376
10	文莱	6	22	70	93	135	184	204

注：按2022年总额降序排列。

与东盟国家进出口总额（美元）

单位：亿美元

序号	国家	2000年	2005年	2010年	2015年	2020年	2021年	2022年
	总额	**394**	**1304**	**2929**	**4718**	**6853**	**8690**	**9585**
1	越南	24	82	301	959	1923	2285	2309
2	马来西亚	80	307	742	973	1315	1744	2006
5	印度尼西亚	74	168	428	542	785	1238	1482
3	泰国	66	218	529	755	987	1299	1330
4	新加坡	108	331	571	795	892	929	1113
6	菲律宾	31	176	278	456	612	807	856
7	缅甸	6	12	44	151	189	184	246
8	柬埔寨	2	6	14	44	96	134	157
9	老挝	0	1	11	28	36	43	56
10	文莱	1	3	10	15	19	28	31

注：按2022年总额降序排列。

自东盟国家进口总额（人民币）

单位：亿元

序 号	国 家	2000 年	2005 年	2010 年	2015 年	2020 年	2021 年	2022 年
	总 额	**1830**	**6163**	**10490**	**12084**	**20858**	**25489**	**27209**
1	马来西亚	453	1651	3421	3308	5201	6329	7327
2	越南	76	210	473	1862	5414	5965	5885
3	印度尼西亚	361	694	1410	1234	2594	4128	5211
4	泰国	363	1150	2251	2308	3335	3989	3764
5	新加坡	419	1358	1677	1711	2190	2506	2220
6	菲律宾	139	1057	1100	1177	1337	1599	1531
7	缅甸	10	23	65	340	439	523	776
8	老挝	1	2	41	96	144	173	224
9	文莱	5	17	45	6	102	144	150
10	柬埔寨	5	2	6	41	103	135	122

注：按 2022 年总额降序排列。

自东盟国家进口总额（美元）

单位：亿美元

序号	国家	2000年	2005年	2010年	2015年	2020年	2021年	2022年
	总　额	**221**	**750**	**1547**	**1945**	**3016**	**3945**	**4075**
1	马来西亚	55	201	504	533	752	980	1097
2	越南	9	26	70	298	785	923	879
3	印度尼西亚	44	84	208	199	375	639	779
4	泰国	44	140	332	372	481	617	566
5	新加坡	51	165	247	276	316	388	334
6	菲律宾	17	129	162	190	193	247	230
7	缅甸	1	3	10	54	63	81	115
8	老挝	0	0	6	15	21	27	34
9	文莱	1	2	7	1	15	22	22
10	柬埔寨	1	0	1	7	15	21	18

注：按2022年总额降序排列。

对东盟国家出口总额（人民币）

单位：亿元

序号	国家	2000年	2005年	2010年	2015年	2020年	2021年	2022年
	总额	**1430**	**4554**	**9373**	**17214**	**26547**	**30662**	**36805**
1	越南	127	464	1566	4101	7869	8801	9536
2	马来西亚	212	872	1615	2726	3893	4936	6074
3	新加坡	475	1367	2196	3225	3990	3495	5233
4	泰国	186	643	1339	2378	3500	4409	5093
5	印度尼西亚	253	688	1489	2129	2838	3867	4688
6	菲律宾	121	386	783	1657	2898	3613	4180
7	柬埔寨	13	44	91	234	558	731	919
8	缅甸	40	77	236	600	868	665	876
9	老挝	3	8	33	76	103	106	151
10	文莱	1	4	25	87	32	40	54

注：按2022年总额降序排列。

对东盟国家出口总额（美元）

单位：亿美元

序　号	国　家	2000年	2005年	2010年	2015年	2020年	2021年	2022年
	总　额	**173**	**554**	**1382**	**2773**	**3837**	**4745**	**5510**
1	越南	15	56	231	660	1138	1362	1429
2	马来西亚	26	106	238	440	563	764	909
3	新加坡	58	166	323	519	576	541	779
4	泰国	22	78	197	383	505	682	764
5	印度尼西亚	31	84	220	343	410	598	703
6	菲律宾	15	47	115	267	419	559	626
7	柬埔寨	2	5	13	38	81	113	138
8	缅甸	5	9	35	97	125	103	131
9	老挝	0	1	5	12	15	16	23
10	文莱	0	1	4	14	5	6	8

注：按2022年总额降序排列。

与“一带一路”沿线国家进出口总额（人民币）

单位：亿元

序号	国　家	2013年	2014年	2015年	2016年	2017年	2018年	2019年	2020年	2021年	2022年
	总　额	**64594**	**68817**	**62216**	**62603**	**73814**	**83626**	**92737**	**93839**	**114931**	**136711**
1	越南	4063	5138	5963	6498	8241	9773	11182	13283	14766	15421
2	马来西亚	6586	6265	6034	5745	6511	7163	8557	9093	11264	13401
3	俄罗斯	5540	5851	4225	4597	5705	7079	7652	7495	9480	12738
4	印度尼西亚	4245	3901	3363	3535	4288	5100	5503	5432	7995	9898
5	印度	4063	4334	4442	4629	5721	6293	6395	6066	8046	8935
6	泰国	4422	4460	4686	5002	5428	5769	6326	6835	8398	8857
7	沙特阿拉伯	4483	4242	3199	2789	3399	4184	5383	4650	5566	7694
8	新加坡	4715	4898	4936	4656	5368	5452	6211	6180	6000	7453
9	阿联酋	2869	3365	3011	2642	2782	3034	3363	3419	4627	6585
10	菲律宾	2359	2731	2835	3117	3475	3670	4204	4234	5211	5711
11	伊拉克	1544	1750	1276	1203	1502	2012	2304	2096	2392	3534
12	波兰	919	1056	1061	1164	1437	1620	1919	2150	2703	2857
13	阿曼	1423	1588	1064	938	1066	1437	1563	1296	2074	2682
14	土耳其	1379	1413	1336	1283	1484	1413	1436	1667	2193	2543
15	科威特	761	825	699	619	815	1231	1190	988	1421	2089
16	哈萨克斯坦	1775	1379	886	866	1214	1314	1519	1492	1618	2073
17	孟加拉国	640	770	913	1000	1088	1235	1265	1098	1606	1825
18	卡塔尔	631	650	427	365	546	769	767	755	1102	1767
19	巴基斯坦	882	983	1175	1263	1362	1257	1240	1209	1778	1736
20	以色列	672	668	708	749	890	914	1019	1215	1460	1681
21	缅甸	629	1534	939	812	913	1003	1289	1306	1188	1652
22	捷克	587	675	685	727	844	1080	1215	1305	1366	1578
23	埃及	634	714	799	724	734	913	910	1008	1273	1192
24	柬埔寨	234	231	275	314	392	488	650	661	867	1041
25	伊朗	2453	3185	2096	2065	2516	2297	1582	1035	942	1041
26	匈牙利	522	555	502	587	685	716	704	810	1014	1033
27	吉尔吉斯斯坦	319	325	270	375	368	371	439	202	475	1031
28	蒙古国	370	450	333	305	434	527	562	467	588	821
29	斯洛伐克	406	381	313	348	360	516	612	655	781	807
30	土库曼斯坦	623	643	535	389	471	557	627	452	475	748
31	罗马尼亚	250	292	277	324	379	440	476	538	657	694
32	乌兹别克斯坦	283	263	217	238	285	415	497	459	515	645

与“一带一路”沿线国家进出口总额（人民币）

续表

序号	国　家	2013年	2014年	2015年	2016年	2017年	2018年	2019年	2020年	2021年	2022年
33	乌克兰	691	527	438	442	500	638	821	1031	1232	498
34	斯洛文尼亚	133	143	148	179	229	329	271	274	383	493
35	约旦	224	223	230	209	209	210	284	250	281	423
36	老挝	169	222	172	155	205	230	270	248	279	376
37	白俄罗斯	90	114	109	100	98	113	187	208	245	339
38	斯里兰卡	225	248	284	301	298	302	310	288	374	276
39	保加利亚	129	133	111	109	145	171	187	202	265	273
40	塞尔维亚	40	33	34	39	51	63	96	147	208	234
41	也门	323	315	144	123	156	172	254	247	195	224
42	文莱	111	119	93	48	67	121	76	135	184	204
43	塔吉克斯坦	121	155	115	116	91	100	116	74	118	170
44	黎巴嫩	158	162	143	140	138	133	117	68	96	167
45	克罗地亚	93	69	68	78	91	101	106	118	148	160
46	巴林	96	87	70	56	70	85	115	88	113	132
47	立陶宛	113	112	84	96	126	138	147	159	169	125
48	尼泊尔	140	143	53	59	67	73	105	82	124	110
49	拉脱维亚	92	90	72	79	90	91	89	87	89	93
50	格鲁吉亚	57	59	50	53	66	76	102	96	77	92
51	亚美尼亚	12	18	20	26	30	34	52	70	92	92
52	阿塞拜疆	68	58	41	50	66	60	101	92	77	91
53	爱沙尼亚	81	84	74	78	86	84	84	79	83	82
54	阿尔巴尼亚	35	35	35	42	44	43	48	45	48	59
55	阿富汗	21	25	23	29	37	46	43	38	34	40
56	马尔代夫	6	6	11	21	20	26	26	19	26	29
57	东帝汶	3	4	7	11	9	9	12	13	24	28
58	叙利亚	43	61	64	61	75	84	91	58	31	28
59	北马其顿	11	10	14	9	11	10	19	26	38	27
60	波黑	7	20	7	7	9	12	13	13	18	20
61	摩尔多瓦	8	9	8	7	9	10	12	14	18	19
62	黑山	6	13	10	9	13	14	11	12	7	18
63	不丹	1	1	1	0	0	1	1	1	7	11
64	巴勒斯坦	6	5	4	4	5	5	6	7	8	10

注：按2022年总额降序排列。

与“一带一路”沿线国家进出口总额（美元）

单位：亿美元

序号	国　家	2013年	2014年	2015年	2016年	2017年	2018年	2019年	2020年	2021年	2022年
	总　额	**10405**	**11204**	**10024**	**9482**	**10899**	**12674**	**13447**	**13559**	**17789**	**20482**
1	越南	655	836	959	983	1220	1478	1620	1923	2285	2309
2	马来西亚	1061	1020	973	869	961	1086	1241	1315	1744	2006
3	俄罗斯	893	953	680	696	842	1071	1109	1082	1468	1899
4	印度尼西亚	684	635	542	535	633	773	798	785	1238	1482
5	印度	654	706	716	702	844	955	928	877	1245	1342
6	泰国	712	726	755	757	801	875	917	987	1299	1330
7	沙特阿拉伯	722	691	516	423	501	633	781	672	862	1155
8	新加坡	759	797	795	705	793	828	900	892	929	1113
9	阿联酋	462	548	485	401	410	459	487	494	716	986
10	菲律宾	380	445	456	472	513	556	610	612	807	856
11	伊拉克	249	285	206	182	221	304	334	302	370	529
12	波兰	148	172	171	176	212	245	278	311	418	429
13	阿曼	229	259	172	142	157	218	227	187	321	403
14	土耳其	222	230	216	195	219	215	208	241	339	382
15	科威特	123	134	113	94	120	187	173	143	220	314
16	哈萨克斯坦	286	225	143	131	179	199	220	215	250	310
17	孟加拉国	103	125	147	152	160	187	184	159	249	275
18	卡塔尔	102	106	69	55	81	116	111	109	171	265
19	巴基斯坦	142	160	189	191	201	191	180	175	275	262
20	以色列	108	109	114	114	131	139	148	175	226	252
21	缅甸	102	250	151	123	135	152	187	189	184	246
22	捷克	95	110	110	110	125	163	176	189	211	236
23	埃及	102	116	129	110	108	138	132	146	197	179
24	柬埔寨	38	38	44	48	58	74	94	96	134	157
25	伊朗	394	518	338	312	371	350	230	149	146	156
26	匈牙利	84	90	81	89	101	109	102	117	157	155
27	吉尔吉斯斯坦	51	53	43	57	54	56	63	29	74	154
28	蒙古国	60	73	54	46	64	80	82	67	91	122
29	斯洛伐克	65	62	50	53	53	78	89	95	121	121
30	土库曼斯坦	100	105	86	59	69	84	91	65	74	112
31	罗马尼亚	40	47	45	49	56	67	69	78	102	104
32	乌兹别克斯坦	46	43	35	36	42	63	72	66	80	97

与“一带一路”沿线国家进出口总额（美元）

续表

序号	国 家	2013 年	2014 年	2015 年	2016 年	2017 年	2018 年	2019 年	2020 年	2021 年	2022 年
33	乌克兰	111	86	71	67	74	97	119	149	191	76
34	斯洛文尼亚	21	23	24	27	34	50	39	40	59	74
35	约旦	36	36	37	32	31	32	41	36	43	64
36	老挝	27	36	28	23	30	35	39	36	43	56
37	白俄罗斯	15	18	18	15	14	17	27	30	38	50
38	斯里兰卡	36	40	46	46	44	46	45	42	58	42
39	保加利亚	21	22	18	16	21	26	27	29	41	41
40	塞尔维亚	6	5	5	6	8	10	14	21	32	35
41	也门	52	51	23	19	23	26	37	36	30	34
42	文莱	18	19	15	7	10	18	11	19	28	31
43	塔吉克斯坦	20	25	18	18	13	15	17	11	18	26
44	黎巴嫩	25	26	23	21	20	20	17	10	15	25
45	克罗地亚	15	11	11	12	13	15	15	17	23	24
46	巴林	15	14	11	9	10	13	17	13	18	20
47	立陶宛	18	18	13	15	19	21	21	23	26	19
48	尼泊尔	23	23	9	9	10	11	15	12	19	17
49	拉脱维亚	15	15	12	12	13	14	13	13	14	14
50	亚美尼亚	2	3	3	4	4	5	8	10	14	14
51	格鲁吉亚	9	10	8	8	10	11	15	14	12	14
52	阿塞拜疆	11	9	7	8	10	9	15	13	12	14
53	爱沙尼亚	13	14	12	12	13	13	12	11	13	12
54	阿尔巴尼亚	6	6	6	6	7	6	7	7	7	9
55	阿富汗	3	4	4	4	5	7	6	6	5	6
56	马尔代夫	1	1	2	3	3	4	4	3	4	4
57	东帝汶	0	1	1	2	1	1	2	2	4	4
58	叙利亚	7	10	10	9	11	13	13	8	5	4
59	北马其顿	2	2	2	1	2	2	3	4	6	4
60	波黑	1	3	1	1	1	2	2	2	3	3
61	摩尔多瓦	1	1	1	1	1	1	2	2	3	3
62	黑山	1	2	2	1	2	2	2	2	1	3
63	不丹	0	0	0	0	0	0	0	0	1	2
64	巴勒斯坦	1	1	1	1	1	1	1	1	1	2

注：按 2022 年总额降序排列。

自“一带一路”沿线国家进口总额（人民币）

单位：亿元

序号	国　家	2013年	2014年	2015年	2016年	2017年	2018年	2019年	2020年	2021年	2022年
	总　额	**29268**	**29688**	**24092**	**24214**	**30751**	**37177**	**40144**	**39591**	**50073**	**59442**
1	俄罗斯	2463	2554	2065	2130	2803	3913	4217	3995	5140	7655
2	马来西亚	3734	3418	3308	3257	3686	4170	4960	5201	6329	7327
3	越南	1048	1223	1862	2461	3395	4230	4432	5414	5965	5885
4	印度尼西亚	1952	1503	1234	1416	1933	2248	2352	2594	4128	5211
5	沙特阿拉伯	3319	2978	1860	1561	2151	3035	3737	2702	3680	5195
6	泰国	2391	2354	2308	2549	2816	2942	3181	3335	3989	3764
7	阿联酋	796	968	715	661	834	1077	1057	1182	1844	3035
8	伊拉克	1117	1274	785	705	936	1490	1651	1339	1722	2629
9	阿曼	1305	1461	933	796	908	1249	1355	1083	1846	2409
10	新加坡	1868	1894	1711	1720	2318	2222	2428	2190	2506	2220
11	科威特	595	614	466	421	604	1012	926	742	1146	1764
12	菲律宾	1128	1289	1177	1149	1302	1359	1392	1337	1599	1531
13	卡塔尔	525	512	286	265	433	605	601	573	853	1506
14	印度	1055	1004	830	777	1107	1242	1239	1454	1818	1160
15	哈萨克斯坦	996	598	363	318	431	564	639	681	729	987
16	缅甸	174	959	340	272	307	308	440	439	523	776
17	土库曼斯坦	552	584	485	366	446	536	598	421	442	691
18	蒙古国	218	313	235	239	350	418	435	355	446	629
19	以色列	197	193	174	210	285	304	356	435	486	597
20	斯洛伐克	214	208	139	159	175	348	410	445	488	511
21	伊朗	1578	1689	994	980	1257	1385	921	445	420	420
22	捷克	162	184	173	195	249	290	319	355	391	361
23	波兰	139	180	170	168	226	241	272	299	358	337
24	匈牙利	168	201	179	229	276	286	258	296	360	337
25	土耳其	276	228	183	184	256	248	241	258	326	299
26	乌克兰	203	214	220	164	159	174	311	554	632	283
27	巴基斯坦	199	169	153	126	124	143	124	147	232	227
28	老挝	63	109	96	90	109	133	149	144	173	224
29	罗马尼亚	75	94	80	96	123	143	160	182	227	205
30	乌兹别克斯坦	120	98	79	106	99	154	150	102	139	152
31	文莱	6	12	6	15	24	17	31	102	144	150
32	柬埔寨	23	30	41	55	68	91	99	103	135	122

自“一带一路”沿线国家进口总额（人民币）

续表

序号	国　家	2013 年	2014 年	2015 年	2016 年	2017 年	2018 年	2019 年	2020 年	2021 年	2022 年
33	白俄罗斯	36	45	63	29	35	38	63	61	70	121
34	塞尔维亚	14	7	8	11	14	15	25	35	64	90
35	保加利亚	60	60	46	39	66	76	80	95	116	84
36	埃及	115	71	57	37	91	122	69	64	110	68
37	孟加拉国	37	47	51	57	59	65	71	55	68	65
38	亚美尼亚	5	10	13	18	20	20	37	55	70	60
39	约旦	11	16	18	14	19	14	30	30	27	50
40	也门	190	180	55	11	45	48	60	47	31	41
41	斯洛文尼亚	19	20	18	29	33	39	36	35	41	39
42	斯里兰卡	11	15	16	18	21	21	27	22	42	33
43	拉脱维亚	6	9	9	9	12	14	13	14	15	25
44	塔吉克斯坦	6	3	3	2	3	5	6	3	11	25
45	爱沙尼亚	12	14	15	14	18	16	21	19	18	20
46	阿塞拜疆	14	18	14	28	40	26	59	49	13	16
47	巴林	19	11	7	4	8	10	14	10	26	16
48	阿尔巴尼亚	15	12	8	9	13	7	7	6	11	12
49	北马其顿	7	6	8	3	6	3	10	16	24	12
50	克罗地亚	6	6	7	11	12	14	10	10	22	11
51	东帝汶	0	0	0	0	0	0	2	0	7	10
52	格鲁吉亚	3	3	3	4	5	4	6	7	12	10
53	波黑	1	2	3	3	4	5	5	5	9	8
54	立陶宛	8	10	9	11	17	22	30	34	28	6
55	摩尔多瓦	1	2	1	2	2	3	3	4	7	6
56	吉尔吉斯斯坦	4	3	4	5	6	4	5	2	5	5
57	黎巴嫩	3	2	1	1	2	3	2	2	3	4
58	黑山	1	3	2	2	4	3	3	4	1	3
59	阿富汗	1	1	1	0	0	2	2	4	3	3
60	尼泊尔	3	3	2	1	1	1	2	1	2	1
61	不丹	0	0	0	0	0	0	0	0	0	0
62	叙利亚	0	0	0	0	0	0	0	0	0	0
63	马尔代夫	0	0	0	0	0	0	2	0	0	0
64	巴勒斯坦	0	0	0	0	0	0	0	0	0	0

注：按 2022 年总额降序排列。

自“一带一路”沿线国家进口总额（美元）

单位：亿美元

序号	国　家	2013 年	2014 年	2015 年	2016 年	2017 年	2018 年	2019 年	2020 年	2021 年	2022 年
	总　额	**4714**	**4834**	**3881**	**3662**	**4544**	**5630**	**5823**	**5722**	**7751**	**8910**
1	俄罗斯	397	416	333	323	414	591	612	577	796	1144
2	马来西亚	602	557	533	493	544	632	719	752	980	1097
3	越南	169	199	298	372	504	640	641	785	923	879
4	沙特阿拉伯	535	485	300	236	318	459	542	391	570	781
5	印度尼西亚	314	245	199	214	286	341	341	375	639	779
6	泰国	385	383	372	385	416	446	462	481	617	566
7	阿联酋	128	158	115	100	123	162	153	171	286	454
8	伊拉克	180	208	127	107	138	225	239	193	267	394
9	阿曼	210	238	150	120	134	189	197	157	286	362
10	新加坡	301	308	276	260	342	337	352	316	388	334
11	科威特	96	100	75	64	89	153	134	107	178	265
12	菲律宾	182	210	190	174	192	206	202	193	247	230
13	卡塔尔	85	83	46	40	64	91	87	83	132	226
14	印度	170	164	134	118	163	188	180	210	281	175
15	哈萨克斯坦	161	97	58	48	64	85	93	98	113	149
16	缅甸	29	156	54	41	45	47	64	63	81	115
17	土库曼斯坦	89	95	78	56	66	81	87	61	68	103
18	蒙古国	35	51	38	36	52	63	63	51	69	93
19	以色列	32	31	28	32	42	46	52	63	75	90
20	斯洛伐克	35	34	22	24	26	52	60	64	75	77
21	伊朗	254	275	161	148	186	211	134	64	65	64
22	捷克	26	30	28	30	37	44	46	51	61	54
23	波兰	22	29	27	25	34	36	39	43	55	51
24	匈牙利	27	33	29	35	41	43	37	43	56	50
25	土耳其	45	37	29	28	38	38	35	37	50	45
26	乌克兰	33	35	36	25	23	26	45	80	98	43
27	巴基斯坦	12	15	13	15	18	22	18	21	36	34
28	老挝	10	18	15	14	16	20	22	21	27	34
29	罗马尼亚	32	28	25	19	18	22	23	26	35	31
30	乌兹别克斯坦	19	16	13	16	15	23	22	15	22	23
31	文莱	1	2	1	2	4	2	5	15	22	22
32	柬埔寨	4	5	7	8	10	14	14	15	21	18

自“一带一路”沿线国家进口总额（美元）

续表

序号	国家	2013年	2014年	2015年	2016年	2017年	2018年	2019年	2020年	2021年	2022年
33	白俄罗斯	6	7	10	4	5	6	9	9	11	18
34	塞尔维亚	2	1	1	2	2	2	4	5	10	14
35	保加利亚	10	10	7	6	10	11	12	14	18	13
36	埃及	19	12	9	6	13	18	10	9	17	10
37	孟加拉国	6	8	8	9	9	10	10	8	10	10
38	亚美尼亚	1	2	2	3	3	3	5	8	11	9
39	约旦	2	3	3	2	3	2	4	4	4	7
40	也门	31	29	9	2	7	7	9	7	5	6
41	斯洛文尼亚	3	3	3	4	5	6	5	5	6	6
42	斯里兰卡	2	2	3	3	3	3	4	3	7	5
43	拉脱维亚	1	1	1	1	2	2	2	2	2	4
44	塔吉克斯坦	1	0	1	0	0	1	1	0	2	4
45	爱沙尼亚	2	2	2	2	3	2	3	3	3	3
46	巴林	3	2	1	1	1	2	2	1	4	3
47	阿塞拜疆	2	3	2	4	6	4	9	7	2	2
48	阿尔巴尼亚	2	2	1	1	2	1	1	1	2	2
49	北马其顿	0	0	0	0	0	0	1	2	4	2
50	克罗地亚	1	1	1	2	2	2	1	1	3	2
51	格鲁吉亚	1	1	0	1	1	1	1	1	2	1
52	东帝汶	0	0	0	0	0	0	0	0	1	1
53	波黑	0	0	1	0	1	1	1	1	1	1
54	立陶宛	1	2	1	2	3	3	4	5	4	1
55	摩尔多瓦	0	0	0	0	0	0	0	1	1	1
56	吉尔吉斯斯坦	1	1	1	1	1	1	1	0	1	1
57	黎巴嫩	1	1	1	0	1	0	0	0	0	1
58	黑山	0	1	0	0	1	0	0	1	0	0
59	阿富汗	0	0	0	0	0	0	0	1	0	0
60	尼泊尔	0	0	0	0	0	0	0	0	0	0
61	不丹	0	0	0	0	0	0	0	0	0	0
62	叙利亚	0	0	0	0	0	0	0	0	0	0
63	马尔代夫	0	0	0	0	0	0	0	0	0	0
64	巴勒斯坦	0	0	0	0	0	0	0	0	0	0

注：按2022年总额降序排列。

对“一带一路”沿线国家出口总额（人民币）

单位：亿元

序号	国家	2013 年	2014 年	2015 年	2016 年	2017 年	2018 年	2019 年	2020 年	2021 年	2022 年
	总　额	**35325**	**39129**	**38124**	**38389**	**43063**	**46450**	**52593**	**54248**	**64859**	**77269**
1	越南	3015	3915	4101	4037	4845	5542	6750	7869	8801	9536
2	印度	3008	3330	3612	3851	4613	5052	5156	4613	6228	7775
3	马来西亚	2852	2847	2726	2488	2825	2994	3596	3893	4936	6074
4	新加坡	2847	3005	3225	2936	3050	3231	3783	3990	3495	5233
5	泰国	2031	2106	2378	2453	2611	2827	3145	3500	4409	5093
6	俄罗斯	3077	3297	2159	2467	2901	3166	3434	3501	4340	5083
7	印度尼西亚	2294	2399	2129	2119	2355	2852	3151	2838	3867	4688
8	菲律宾	1230	1442	1657	1968	2173	2310	2812	2898	3613	4180
9	阿联酋	2073	2397	2296	1981	1948	1957	2306	2237	2783	3549
10	波兰	781	876	891	997	1210	1379	1647	1851	2345	2520
11	沙特阿拉伯	1164	1264	1339	1229	1248	1149	1646	1948	1886	2499
12	土耳其	1102	1186	1153	1099	1228	1165	1195	1409	1866	2244
13	孟加拉国	603	724	862	943	1029	1170	1194	1042	1539	1760
14	巴基斯坦	684	814	1022	1136	1238	1114	1116	1063	1547	1509
15	捷克	424	491	512	532	595	790	896	950	975	1217
16	埃及	519	643	742	687	643	791	841	944	1163	1124
17	哈萨克斯坦	779	781	523	548	783	750	880	811	889	1086
18	以色列	475	475	534	539	605	611	663	780	974	1084
19	吉尔吉斯斯坦	315	322	266	371	362	367	435	200	470	1026
20	柬埔寨	212	201	234	259	324	396	550	558	731	919
21	伊拉克	427	475	491	498	566	522	652	757	670	905
22	缅甸	455	575	600	541	606	695	849	868	665	876
23	匈牙利	354	354	323	358	410	430	446	514	654	697
24	伊朗	875	1497	1101	1085	1259	912	661	591	522	622
25	乌兹别克斯坦	162	165	138	132	186	261	347	356	375	493
26	罗马尼亚	175	198	196	228	256	297	315	355	430	489
27	斯洛文尼亚	114	122	130	150	195	290	235	239	342	454
28	约旦	213	207	212	195	190	196	254	221	253	374
29	科威特	166	211	234	198	211	219	264	246	275	325
30	斯洛伐克	191	174	174	189	185	168	202	210	293	296
31	阿曼	118	127	131	141	157	188	208	213	227	273
32	卡塔尔	106	138	141	100	114	164	166	182	249	261

对“一带一路”沿线国家出口总额（人民币）

续表

序号	国　家	2013年	2014年	2015年	2016年	2017年	2018年	2019年	2020年	2021年	2022年
33	斯里兰卡	213	233	268	283	277	280	283	266	332	243
34	白俄罗斯	54	68	46	72	63	75	124	146	175	219
35	乌克兰	488	313	218	278	342	464	510	477	600	215
36	蒙古国	152	136	97	65	84	108	126	112	142	192
37	保加利亚	69	72	65	70	79	95	107	107	149	189
38	也门	133	135	89	111	112	124	194	200	164	182
39	黎巴嫩	155	160	142	138	137	130	116	65	93	162
40	老挝	106	113	76	65	96	96	122	103	106	151
41	克罗地亚	87	63	61	67	79	87	96	109	126	150
42	塔吉克斯坦	116	152	112	114	88	95	110	71	106	145
43	塞尔维亚	27	26	26	29	37	48	71	113	144	144
44	立陶宛	105	102	75	85	108	116	117	125	141	119
45	巴林	77	76	63	52	61	75	102	78	87	116
46	尼泊尔	137	140	51	57	65	71	103	81	122	108
47	格鲁吉亚	53	56	48	49	62	72	97	89	65	83
48	阿塞拜疆	54	40	27	23	26	34	43	43	64	75
49	拉脱维亚	85	81	63	70	78	77	75	73	74	68
50	爱沙尼亚	69	70	59	64	68	68	63	60	65	63
51	土库曼斯坦	71	59	50	22	25	21	30	31	33	57
52	文莱	106	107	87	34	43	105	45	32	40	54
53	阿尔巴尼亚	20	23	27	33	31	36	41	40	38	46
54	阿富汗	20	24	22	29	37	44	41	35	31	37
55	亚美尼亚	7	8	7	7	10	14	15	16	21	32
56	马尔代夫	6	6	11	21	20	26	24	19	25	29
57	叙利亚	43	60	63	60	75	84	91	58	31	28
58	东帝汶	3	4	7	11	9	9	10	13	16	18
59	北马其顿	4	5	5	6	5	7	9	11	14	16
60	黑山	5	10	8	7	9	12	8	8	6	14
61	摩尔多瓦	7	7	6	5	7	7	9	10	11	14
62	波黑	6	17	4	4	5	7	8	8	9	12
63	不丹	1	1	1	0	0	1	1	1	7	11
64	巴勒斯坦	6	5	4	4	5	5	6	7	8	10

注：按2022年总额降序排列。

对“一带一路”沿线国家出口总额（美元）

单位：亿美元

序号	国　家	2013 年	2014 年	2015 年	2016 年	2017 年	2018 年	2019 年	2020 年	2021 年	2022 年
	总　额	**5690**	**6370**	**6143**	**5819**	**6356**	**7043**	**7624**	**7836**	**10038**	**11573**
1	越南	486	637	660	611	716	839	979	1138	1362	1429
2	印度	484	542	582	584	680	767	748	667	964	1167
3	马来西亚	459	464	440	377	417	454	521	563	764	909
4	新加坡	458	489	519	445	450	490	548	576	541	779
5	泰国	327	343	383	372	385	429	456	505	682	764
6	俄罗斯	496	537	348	374	428	480	497	505	672	755
7	印度尼西亚	369	391	343	321	348	432	456	410	598	703
8	菲律宾	199	235	267	298	321	350	408	419	559	626
9	阿联酋	334	390	370	301	287	297	334	323	431	531
10	波兰	126	143	143	151	179	209	239	267	363	378
11	沙特阿拉伯	187	206	216	187	184	174	239	281	292	374
12	土耳其	177	193	186	167	181	178	173	203	289	337
13	孟加拉国	97	118	139	143	152	178	173	151	238	265
14	巴基斯坦	110	132	164	172	183	169	162	154	239	227
15	捷克	68	80	82	81	88	119	130	137	151	182
16	埃及	84	105	120	104	95	120	122	136	180	169
17	以色列	76	77	86	82	89	93	96	113	151	163
18	哈萨克斯坦	125	127	84	83	116	114	127	117	138	162
19	吉尔吉斯斯坦	51	52	43	56	53	56	63	29	73	153
20	柬埔寨	34	33	38	39	48	60	80	81	113	138
21	伊拉克	69	77	79	75	83	79	95	109	104	135
22	缅甸	73	94	97	82	89	105	123	125	103	131
23	匈牙利	57	58	52	54	60	65	65	74	101	104
24	伊朗	140	243	178	164	186	139	96	85	81	93
25	乌兹别克斯坦	26	27	22	20	27	39	50	51	58	74
26	罗马尼亚	28	32	32	34	38	45	46	51	67	73
27	斯洛文尼亚	18	20	21	23	29	44	34	35	53	68
28	约旦	34	34	34	30	28	30	37	32	39	56
29	科威特	27	34	38	30	31	33	38	35	43	49
30	斯洛伐克	31	28	28	29	27	25	29	30	45	44
31	阿曼	19	21	21	21	23	29	30	31	35	41
32	卡塔尔	17	23	23	15	17	25	24	26	39	39

对“一带一路”沿线国家出口总额（美元）

续表

序号	国　家	2013年	2014年	2015年	2016年	2017年	2018年	2019年	2020年	2021年	2022年
33	斯里兰卡	34	38	43	43	41	43	41	38	51	37
34	乌克兰	78	51	35	42	50	70	74	69	93	33
35	白俄罗斯	9	11	7	11	9	11	18	21	27	32
36	蒙古国	24	22	16	10	12	16	18	16	22	29
37	保加利亚	11	12	10	11	12	14	16	15	23	28
38	也门	21	22	14	17	16	19	28	29	25	27
39	黎巴嫩	25	26	23	21	20	20	17	9	14	24
40	老挝	17	18	12	10	14	15	18	15	16	23
41	克罗地亚	14	10	10	10	12	13	14	16	20	22
42	塔吉克斯坦	19	25	18	17	13	14	16	10	16	22
43	塞尔维亚	4	4	4	4	5	7	10	16	22	22
44	立陶宛	17	17	12	13	16	18	17	18	22	18
45	巴林	12	12	10	8	9	11	15	11	14	17
46	尼泊尔	22	23	8	9	10	11	15	12	19	16
47	格鲁吉亚	9	9	8	7	9	11	14	13	10	12
48	阿塞拜疆	9	6	4	3	4	5	6	6	10	11
49	拉脱维亚	14	13	10	11	11	12	11	11	11	10
50	爱沙尼亚	11	11	10	10	10	10	9	9	10	9
51	土库曼斯坦	11	10	8	3	4	3	4	4	5	9
52	文莱	17	17	14	5	6	16	6	5	6	8
53	阿尔巴尼亚	3	4	4	5	5	5	6	6	6	7
54	阿富汗	3	4	4	4	5	7	6	5	5	5
55	亚美尼亚	1	1	1	1	1	2	2	2	3	5
56	马尔代夫	1	1	2	3	3	4	3	3	4	4
57	叙利亚	7	10	10	9	11	13	13	8	5	4
58	东帝汶	0	1	1	2	1	1	1	2	3	3
59	北马其顿	1	1	1	1	1	1	1	2	2	2
60	黑山	1	2	1	1	1	2	1	1	1	2
61	摩尔多瓦	1	1	1	1	1	1	1	1	2	2
62	波黑	1	3	1	1	1	1	1	1	1	2
63	不丹	0	0	0	0	0	0	0	0	1	2
64	巴勒斯坦	1	1	1	1	1	1	1	1	1	2

注：按2022年总额降序排列。

中美贸易数据对比

单位：亿美元

年　份	中国自美国进口	美国对中国出口	中国对美国出口	美国自中国进口
2000	222	163	520	1076
2001	262	192	543	1094
2002	272	221	699	1335
2003	339	284	925	1633
2004	447	344	1249	2105
2005	486	412	1629	2598
2006	592	537	2034	3058
2007	694	629	2327	3400
2008	814	697	2524	3563
2009	775	695	2208	3095
2010	1021	919	2833	3830
2011	1221	1041	3245	4174
2012	1329	1105	3518	4444
2013	1526	1217	3684	4592
2014	1591	1237	3961	4881
2015	1478	1159	4092	5040
2016	1344	1156	3851	4814
2017	1539	1300	4297	5257
2018	1552	1203	4784	5628
2019	1229	1064	4187	4719
2020	1349	1246	4518	4572
2021	1784	1514	5672	5394
2022	1762	1540	5755	5752

注：美国自中国进口数据、美国对中国出口数据 2021 年前来源于全球贸易统合分析系统（GTAS），2021 年后来源于全球贸易观察系统（GTF）。

三、商品

2023 中国海关统计摘要

主要商品进口量值（人民币）

年份	机电产品*		高新技术产品*		集成电路		原油	
	数量	金额（亿元）	数量	金额（亿元）	数量（亿个）	金额（亿元）	数量（万吨）	金额（亿元）
2011	–	48894	–	29888	2141	11044	25378	12774
2012	–	49407	–	32015	2418	12132	27103	13941
2013	–	52131	–	34634	2663	14359	28195	13638
2014	–	52496	–	33866	2860	13366	30837	14016
2015	–	50111	–	34073	3140	14294	33548	8326
2016	–	50985	–	34618	3425	15005	38101	7698
2017	–	57785	–	39501	3770	17592	41957	11003
2018	–	63727	–	44340	4176	20584	46190	15882
2019	–	62605	–	43987	4451	21078	50568	16702
2020	–	65625	–	47160	5435	24207	54239	12218
2021	–	73274	–	53869	6341	27864	51292	16694
2022	–	69176	–	50535	5377	27497	50823	24369

主要商品进口量值（人民币）

续表 1

年份	农产品*		铁矿砂及其精矿		初级形状的塑料		汽车	
	数量	金额（亿元）	数量（万吨）	金额（亿元）	数量（万吨）	金额（亿元）	数量（万辆）	金额（亿元）
2011	–	6087	68575	7303	2304	3065	104	2803
2012	–	7041	74360	6045	2371	2916	113	2996
2013	–	7363	81914	6587	2462	3046	119	3020
2014	–	7465	93251	5739	2535	3167	142	3725
2015	–	7196	95245	3562	2610	2791	110	2773
2016	–	7307	102412	3809	2570	2731	107	2942
2017	–	8450	107474	5175	2868	3284	124	3422
2018	–	9006	106447	4984	3284	3718	113	3331
2019	–	10333	106865	6986	3691	3671	105	3332
2020	–	11832	117010	8229	4063	3628	93	3216
2021	–	14177	112007	11752	3395	3950	94	3489
2022	–	15668	110616	8473	3057	3734	88	3527

主要商品进口量值（人民币）

续表 2

年 份	粮食		天然气		计量检测分析自控仪器及器具		未锻轧铜及铜材	
	数量（万吨）	金额（亿元）	数量（万吨）	金额（亿元）	数量	金额（亿元）	数量（万吨）	金额（亿元）
2011	6376	2180	2257	674	–	1708	407	2386
2012	8025	2661	3048	1064	–	1761	465	2438
2013	8645	2829	3808	1273	–	1756	450	2176
2014	10043	3010	4285	1464	–	1903	483	2185
2015	12477	2899	4430	1146	–	1793	481	1802
2016	11468	2742	5403	1089	–	1985	495	1741
2017	13062	3260	6857	1574	–	2221	469	2115
2018	11556	3013	9039	2552	–	2531	530	2469
2019	11145	2895	9651	2873	–	2577	498	2240
2020	14262	3524	10166	2315	–	2795	668	2988
2021	16374	4807	12127	3595	–	2852	553	3389
2022	14501	5422	10917	4684	–	2881	587	3606

主要商品进口量值（人民币）

续表 3

年 份	汽车零配件		自动数据处理设备及其零部件		铜矿砂及其精矿		医药材及药品	
	数量	金额（亿元）	数量	金额（亿元）	数量（万吨）	金额（亿元）	数量（万吨）	金额（亿元）
2011	–	1432	–	3140	638	994	9	734
2012	–	1453	–	3421	783	1070	10	877
2013	–	1782	–	2964	1007	1212	10	1007
2014	–	1982	–	3038	1181	1320	11	1173
2015	–	1711	–	2709	1329	1171	11	1265
2016	–	1980	–	2651	1696	1366	12	1462
2017	–	2156	–	2820	1735	1785	14	1815
2018	–	2309	–	3398	1972	2128	15	1957
2019	–	2112	–	3558	2198	2337	16	2462
2020	–	2246	–	3814	2177	2372	22	2579
2021	–	2436	–	4339	2328	3663	23	2885
2022	–	2074	–	3753	2523	3714	29	2860

主要商品进口量值（人民币）

续表 4

年份	飞机及其他航空器		通断保护电路装置及零件		液晶显示板		煤及褐煤	
	数量（架）	金额（亿元）	数量	金额（亿元）	数量（亿个）	金额（亿元）	数量（万吨）	金额（亿元）
2011	421	756	–	1461	28	3062	22224	1547
2012	517	991	–	1389	36	3177	28841	1813
2013	742	1295	–	1428	34	3079	32702	1805
2014	10771	1595	–	1538	30	2688	29122	1366
2015	68274	1520	–	1413	28	2466	20406	750
2016	7385	1351	–	1510	24	2105	25551	938
2017	14266	1558	–	1691	24	2042	27090	1536
2018	1238	1841	–	1733	22	1723	28123	1613
2019	957	1103	–	1697	19	1431	29952	1605
2020	718	496	–	1773	19	1321	30399	1411
2021	571	566	–	1884	18	1364	32294	2337
2022	44818	526	–	1727	15	1001	29320	2860

主要商品进口量值（人民币）

续表 5

年份	二极管及类似半导体器件		成品油		纸浆	
	数量（亿个）	金额（亿元）	数量（万吨）	金额（亿元）	数量（万吨）	金额（亿元）
2011	3178	1131	4060	2129	1445	776
2012	3513	1126	3982	2088	1646	693
2013	3740	1327	3959	1987	1685	706
2014	5281	1446	3000	1440	1796	741
2015	5123	1376	2990	882	1984	792
2016	4828	1323	2784	735	2106	808
2017	5172	1398	2964	982	2372	1039
2018	5235	1427	3348	1333	2479	1300
2019	4789	1345	3056	1175	2718	1178
2020	5432	1623	2835	818	3063	1088
2021	7491	1914	2712	1080	2967	1295
2022	5947	1920	2645	1310	2916	1492

主要商品进口量值（人民币）

续表 6

年　份	纺织纱线、织物及制品		二甲苯		钢材	
	数量	金额（亿元）	数量（万吨）	金额（亿元）	数量（万吨）	金额（亿元）
2011	–	1235	562	559	1558	1402
2012	–	1258	701	673	1366	1124
2013	–	1345	965	913	1408	1058
2014	–	1251	1028	790	1443	1101
2015	–	1183	1206	631	1278	889
2016	–	1106	1267	655	1321	869
2017	–	1176	1481	844	1330	1027
2018	–	1178	1621	1140	1317	1083
2019	–	1081	1512	959	1230	973
2020	–	978	1407	574	2023	1165
2021	–	1014	1388	759	1427	1210
2022	–	1135	1069	772	1056	1135

主要商品进口量值（人民币）

续表 7

年　份	电容器		印刷电路	
	数量（万吨）	金额（亿元）	数量（亿块）	金额（亿元）
2011	9	560	396	909
2012	8	538	413	914
2013	8	690	401	846
2014	8	698	406	824
2015	8	630	386	754
2016	7	527	398	681
2017	8	581	452	783
2018	8	825	455	820
2019	7	665	445	777
2020	7	774	465	752
2021	8	850	531	793
2022	6	680	354	713

注：1. 部分商品因无统一数量单位，故无数量数据。

2. 2018 年，世界海关组织协调制度委员会通过决议，将无人机按功能归入“其他”类别，不再归入“航空器”；2022 年增设“无人驾驶航空器”商品编号，再次归入“航空器”。因此，“飞机及其他航空器”数量波动较大。

3. 2020 年，“机电产品”“汽车零配件”“二极管及类似半导体器件”商品范围调整。

4. 2020 年起，“医药品”名称修改为“医药材及药品”。

主要商品进口量值（美元）

年　份	机电产品*		高新技术产品*		集成电路		原油	
	数量	金额（亿美元）	数量	金额（亿美元）	数量（亿个）	金额（亿美元）	数量（万吨）	金额（亿美元）
2011	–	7533	–	4606	2141	1702	25378	1968
2012	–	7826	–	5071	2418	1921	27103	2208
2013	–	8399	–	5579	2663	2312	28195	2197
2014	–	8541	–	5512	2860	2176	30837	2283
2015	–	8061	–	5481	3140	2299	33548	1343
2016	–	7714	–	5238	3425	2270	38101	1165
2017	–	8545	–	5840	3770	2601	41957	1623
2018	–	9656	–	6715	4176	3121	46190	2403
2019	–	9079	–	6378	4451	3055	50568	2424
2020	–	9492	–	6822	5435	3500	54239	1763
2021	–	11340	–	8339	6341	4315	51292	2585
2022	–	10388	–	7587	5377	4132	50823	3658

主要商品进口量值（美元）

续表 1

年　份	农产品*		铁矿砂及其精矿		初级形状的塑料		汽车	
	数量	金额（亿美元）	数量（万吨）	金额（亿美元）	数量（万吨）	金额（亿美元）	数量（万辆）	金额（亿美元）
2011	–	938	68575	1124	2304	472	104	432
2012	–	1115	74360	957	2371	462	113	475
2013	–	1187	81914	1061	2462	491	119	487
2014	–	1216	93251	935	2535	516	142	606
2015	–	1160	95245	574	2610	450	110	447
2016	–	1106	102412	577	2570	413	107	445
2017	–	1247	107474	763	2868	485	124	505
2018	–	1367	106447	755	3284	564	113	505
2019	–	1499	106865	1013	3691	533	105	484
2020	–	1708	117010	1189	4063	524	93	463
2021	–	2193	112007	1817	3395	611	94	539
2022	–	2349	110616	1277	3057	562	88	532

主要商品进口量值（美元）

续表 2

年份	粮食		天然气		计量检测分析自控仪器及器具		未锻轧铜及铜材	
	数量（万吨）	金额（亿美元）	数量（万吨）	金额（亿美元）	数量	金额（亿美元）	数量（万吨）	金额（亿美元）
2011	6376	336	2257	104	–	263	407	368
2012	8025	421	3048	168	–	279	465	386
2013	8645	456	3808	205	–	283	450	351
2014	10043	490	4285	238	–	309	483	356
2015	12477	468	4430	185	–	289	481	290
2016	11468	415	5403	165	–	301	495	264
2017	13062	481	6857	233	–	329	469	313
2018	11556	459	9039	385	–	384	530	375
2019	11145	420	9651	417	–	374	498	325
2020	14262	508	10166	335	–	404	668	432
2021	16374	744	12127	557	–	441	553	525
2022	14501	815	10917	700	–	432	587	543

主要商品进口量值（美元）

续表 3

年份	汽车零配件		自动数据处理设备及其零部件		铜矿砂及其精矿		医药材及药品	
	数量	金额（亿美元）	数量	金额（亿美元）	数量（万吨）	金额（亿美元）	数量（万吨）	金额（亿美元）
2011	–	221	–	484	638	153	9	113
2012	–	230	–	541	783	170	10	139
2013	–	287	–	477	1007	195	10	162
2014	–	322	–	494	1181	215	11	191
2015	–	275	–	437	1329	189	11	203
2016	–	299	–	401	1696	207	12	221
2017	–	319	–	417	1735	264	14	268
2018	–	351	–	515	1972	323	15	296
2019	–	306	–	517	2198	339	16	357
2020	–	324	–	551	2177	343	22	372
2021	–	376	–	672	2328	567	23	447
2022	–	312	–	565	2523	560	29	427

主要商品进口量值（美元）

续表 4

年份	飞机及其他航空器		通断保护电路装置及零件		液晶显示板		煤及褐煤	
	数量（架）	金额（亿美元）	数量	金额（亿美元）	数量（亿个）	金额（亿美元）	数量（万吨）	金额（亿美元）
2011	421	116	–	225	28	472	22224	239
2012	517	157	–	220	36	503	28841	287
2013	742	209	–	230	34	496	32702	290
2014	10771	260	–	250	30	438	29122	223
2015	68274	244	–	227	28	397	20406	121
2016	7385	204	–	228	24	318	25551	142
2017	14266	231	–	250	24	301	27090	226
2018	1238	276	–	263	22	261	28123	246
2019	957	160	–	246	19	208	29952	234
2020	718	73	–	256	19	191	30399	202
2021	571	88	–	292	18	211	32294	362
2022	44818	78	–	259	15	151	29320	427

主要商品进口量值（美元）

续表 5

年份	二极管及类似半导体器件		成品油		纸浆	
	数量（亿个）	金额（亿美元）	数量（万吨）	金额（亿美元）	数量（万吨）	金额（亿美元）
2011	3178	174	4060	328	1445	119
2012	3513	178	3982	331	1646	110
2013	3740	214	3959	320	1685	114
2014	5281	235	3000	234	1796	121
2015	5123	221	2990	142	1984	128
2016	4828	200	2784	111	2106	122
2017	5172	206	2964	145	2372	153
2018	5235	217	3348	202	2479	197
2019	4789	195	3056	171	2718	171
2020	5432	235	2835	118	3063	157
2021	7491	296	2712	167	2967	200
2022	5947	288	2645	196	2916	223

主要商品进口量值（美元）

续表 6

年　份	纺织纱线、织物及制品		二甲苯		钢材	
	数量	金额（亿美元）	数量（万吨）	金额（亿美元）	数量（万吨）	金额（亿美元）
2011	–	190	562	86	1558	216
2012	–	199	701	107	1366	178
2013	–	217	965	147	1408	171
2014	–	204	1028	129	1443	179
2015	–	191	1206	102	1278	143
2016	–	167	1267	99	1321	132
2017	–	174	1481	125	1330	152
2018	–	179	1621	172	1317	164
2019	–	157	1512	140	1230	141
2020	–	141	1407	83	2023	168
2021	–	157	1388	117	1427	187
2022	–	119	1069	117	1056	171

主要商品进口量值（美元）

续表 7

年　份	电容器		印刷电路	
	数量（万吨）	金额（亿美元）	数量（亿块）	金额（亿美元）
2011	9	86	396	140
2012	8	85	413	145
2013	8	111	401	136
2014	8	114	406	134
2015	8	101	386	121
2016	7	80	398	103
2017	8	86	452	116
2018	8	125	455	124
2019	7	96	445	113
2020	7	112	465	109
2021	8	132	531	123
2022	6	102	354	107

注：1. 部分商品因无统一数量单位，故无数量数据。

2. 2018 年，世界海关组织协调制度委员会通过决议，将“无人机”按功能归入“其他”类别，不再归入“航空器”；2022 年增设“无人驾驶航空器”商品编号，再次归入“航空器”。因此，“飞机及其他航空器”数量波动较大。

3. 2020 年，“机电产品”“汽车零配件”“二极管及类似半导体器件”商品范围调整。

4. 2020 年起，“医药品”名称修改为“医药材及药品”。

主要商品出口量值（人民币）

年　份	机电产品*		高新技术产品*		自动数据处理设备及其零部件		服装及衣着附件	
	数量	金额（亿元）	数量	金额（亿元）	数量	金额（亿元）	数量	金额（亿元）
2011	–	70121	–	35518	–	13377	–	9942
2012	–	74463	–	37955	–	13571	–	10050
2013	–	78532	–	40978	–	13080	–	10981
2014	–	80527	–	40567	–	13029	–	11445
2015	–	81421	–	40737	–	11202	–	10816
2016	–	79820	–	39876	–	10719	–	10413
2017	–	89465	–	45150	–	12947	–	10656
2018	–	96457	–	49374	–	14277	–	10413
2019	–	100626	–	50424	–	13580	–	10446
2020	–	106608	–	53692	–	15020	–	9520
2021	–	126817	–	62960	–	16439	–	10801
2022	–	135220	–	62922	–	15666	–	11527

主要商品出口量值（人民币）

续表 1

年　份	电话机		纺织纱线、织物及制品		集成电路		农产品*	
	数量（亿台）	金额（亿元）	数量	金额（亿元）	数量（亿个）	金额（亿元）	数量	金额（亿元）
2011	10	4199	–	6149	905	2113	–	3902
2012	11	5240	–	6046	1182	3374	–	3952
2013	13	6024	–	6638	1427	5449	–	4164
2014	14	7202	–	6887	1535	3739	–	4382
2015	14	7821	–	6794	1828	4295	–	4361
2016	14	7745	–	6925	1809	4029	–	4793
2017	13	8599	–	7441	2044	4526	–	5087
2018	12	9446	–	7851	2171	5591	–	5238
2019	11	8720	–	8282	2187	7008	–	5420
2020	10	8728	–	10761	2598	8056	–	5266
2021	10	9531	–	9307	3093	9864	–	5443
2022	9	9622	–	9755	2728	10074	–	6544

主要商品出口量值（人民币）

续表 2

年份	钢材		汽车零配件		家具及其零件		鞋类	
	数量（万吨）	金额（亿元）	数量	金额（亿元）	数量	金额（亿元）	数量（万吨）	金额（亿元）
2011	4888	3333	-	2456	-	2463	-	2709
2012	5573	3252	-	2624	-	3082	-	2956
2013	6233	3306	-	2815	-	3219	467	3150
2014	9378	4350	-	3022	-	3195	488	3455
2015	11239	3889	-	2904	-	3276	447	3318
2016	10849	3587	-	3007	-	3151	422	3113
2017	7541	3700	-	3365	-	3385	450	3269
2018	6934	3984	-	3628	-	3544	448	3095
2019	6429	3699	-	3654	-	3730	451	3290
2020	5367	3151	-	3909	-	4039	346	2639
2021	6615	5125	-	4855	-	4644	424	3277
2022	6628	6135	-	5366	-	4506	459	4058

主要商品出口量值（人民币）

续表 3

年份	塑料制品		成品油		灯具、照明装置及零件	
	数量（万吨）	金额（亿元）	数量（万吨）	金额（亿元）	数量	金额（亿元）
2011	795	1522	2570	1351	-	820
2012	851	1993	2427	1346	-	1234
2013	896	2191	2851	1524	-	1529
2014	951	2278	2968	1583	-	1911
2015	973	2341	3615	1184	-	2215
2016	1040	2354	4831	1275	-	1978
2017	1168	2628	5216	1722	-	1932
2018	1312	2870	5864	2363	-	1989
2019	1423	3332	6685	2646	-	2271
2020	2135	5309	6183	1770	-	2602
2021	2463	6216	6030	2103	-	3011
2022	2456	6994	5371	3226	-	2954

主要商品出口量值（人民币）

续表 4

年份	通断保护电路装置及零件		箱包及类似容器		二极管及类似半导体器件		玩具	
	数量	金额（亿元）	数量（万吨）	金额（亿元）	数量（亿个）	金额（亿元）	数量	金额（亿元）
2011	–	1143	327	1553	3122	2187	–	702
2012	–	1258	302	1598	3239	1536	–	723
2013	–	1341	302	1713	3516	1557	–	767
2014	–	1510	300	1666	5672	1742	–	869
2015	–	1518	284	1750	7223	1831	–	973
2016	–	1633	279	1644	7026	1600	–	1216
2017	–	1833	310	1807	5953	1635	–	1621
2018	–	1973	316	1787	5810	1749	–	1662
2019	–	2114	307	1878	5349	2211	–	2152
2020	–	2137	201	1429	5796	2390	–	2317
2021	–	2552	240	1731	7547	3065	–	2819
2022	–	2811	292	2299	6529	4258	–	3086

主要商品出口量值（人民币）

续表 5

年份	液晶显示板		水产品		陶瓷产品		电线和电缆	
	数量（亿个）	金额（亿元）	数量（万吨）	金额（亿元）	数量（万吨）	金额（亿元）	数量（万吨）	金额（亿元）
2011	24	1915	288	714	2429	911	180	966
2012	32	2289	368	1144	2494	1057	186	1048
2013	33	2228	384	1206	2541	1189	195	1142
2014	25	1952	403	1282	2598	1356	217	1288
2015	23	1923	391	1216	2526	1619	217	1247
2016	19	1700	409	1319	2344	1208	224	1294
2017	19	1737	427	1412	2342	1303	241	1402
2018	18	1527	425	1454	2260	1426	242	1425
2019	15	1475	419	1401	2122	1735	229	1412
2020	13	1370	375	1298	1768	1737	207	1279
2021	14	1786	374	1393	1839	1875	233	1537
2022	16	1804	370	1505	1808	2062	226	1681

主要商品出口量值（人民币）

续表 6

年份	船舶		静止式变流器		医药材及药品	
	数量（艘）	金额（亿元）	数量（亿个）	金额（亿元）	数量（万吨）	金额（亿元）
2011	2850743	2698	33	951	76	769
2012	2741879	2266	40	982	76	754
2013	3075731	1616	50	1094	82	765
2014	3314884	1414	53	1121	88	822
2015	6700	1599	51	1102	88	838
2016	8201	1332	52	1079	95	898
2017	8013	1408	54	1156	101	1021
2018	6899	1420	54	1183	103	1148
2019	6410	1400	51	1270	110	1189
2020	5712	1192	54	1446	131	1593
2021	4619	1389	67	1772	146	3203
2022	4539	1442	54	2271	132	1672

主要商品出口量值（人民币）

续表 7

年份	未锻轧铝及铝材		印刷电路		新的充气橡胶轮胎	
	数量（万吨）	金额（亿元）	数量（亿块）	金额（亿元）	数量（亿条）	金额（亿元）
2011	376	790	290	817	4	958
2012	346	711	292	867	4	1003
2013	364	726	305	828	4	1003
2014	434	822	316	850	5	1010
2015	476	877	305	870	4	858
2016	458	815	291	846	5	850
2017	479	887	316	946	5	960
2018	580	1086	330	1008	5	996
2019	573	1050	327	1010	5	1019
2020	486	907	363	1044	5	919
2021	561	1255	480	1343	6	1078
2022	659	1718	433	1310	6	1256

注：1. 部分商品因无统一数量单位，故无数量数据。
2. 因 2015 年起商品编码 89031000 和 89039900 项下娱乐、充气划艇及轻舟等商品不再列为船舶，故“船舶”数量波动较大。
3. 因 2013 年以前鞋类无统一数量单位，故无数量数据。
4. 2020 年，“机电产品”“服装及衣着附件”“汽车零配件”“塑料制品”“二极管及类似半导体器件”商品范围调整。
5. 2020 年起，“医药品”名称修改为“医药材及药品”；2021 年起，“水泊”产品名称修改为“水产品”。

主要商品出口量值（美元）

年　份	机电产品*		高新技术产品*		自动数据处理设备及其零部件		服装及衣着附件	
	数量	金额（亿美元）	数量	金额（亿美元）	数量	金额（亿美元）	数量	金额（亿美元）
2011	–	10803	–	5473	–	2062	–	1532
2012	–	11793	–	6012	–	2149	–	1591
2013	–	12650	–	6601	–	2108	–	1770
2014	–	13109	–	6605	–	2121	–	1863
2015	–	13101	–	6550	–	1803	–	1742
2016	–	12094	–	6039	–	1624	–	1578
2017	–	13215	–	6674	–	1913	–	1572
2018	–	14607	–	7469	–	2163	–	1576
2019	–	14590	–	7307	–	1969	–	1513
2020	–	15411	–	7767	–	2170	–	1374
2021	–	19629	–	9748	–	2545	–	1672
2022	–	20269	–	9445	–	2354	–	1726

主要商品出口量值（美元）

续表 1

年　份	电话机		纺织纱线、织物及制品		集成电路		农产品*	
	数量（亿台）	金额（亿美元）	数量	金额（亿美元）	数量（亿个）	金额（亿美元）	数量	金额（亿美元）
2011	10	648	–	947	905	326	–	601
2012	11	830	–	958	1182	534	–	626
2013	13	972	–	1069	1427	876	–	671
2014	14	1173	–	1121	1535	609	–	713
2015	14	1255	–	1095	1828	690	–	702
2016	14	1171	–	1050	1809	610	–	726
2017	13	1274	–	1098	2044	669	–	751
2018	12	1422	–	1191	2171	846	–	793
2019	11	1260	–	1202	2187	1016	–	786
2020	10	1266	–	1548	2598	1166	–	760
2021	10	1476	–	1440	3093	1528	–	842
2022	9	1441	–	1467	2728	1513	–	980

主要商品出口量值（美元）

续表 2

年份	钢材		汽车零配件		家具及其零件		鞋类	
	数量（万吨）	金额（亿美元）	数量	金额（亿美元）	数量	金额（亿美元）	数量（万吨）	金额（亿美元）
2011	4888	513	–	378	–	379	–	417
2012	5573	515	–	416	–	488	–	468
2013	6233	532	–	453	–	518	467	508
2014	9378	708	–	492	–	520	488	562
2015	11239	628	–	468	–	528	447	535
2016	10849	545	–	456	–	478	422	472
2017	7541	545	–	497	–	499	450	482
2018	6934	606	–	550	–	537	448	469
2019	6429	537	–	530	–	541	451	477
2020	5367	455	–	565	–	584	346	381
2021	6615	793	–	751	–	719	424	507
2022	6628	922	–	804	–	677	459	608

主要商品出口量值（美元）

续表 3

年份	塑料制品		成品油		灯具、照明装置及零件	
	数量（万吨）	金额（亿美元）	数量（万吨）	金额（亿美元）	数量	金额（亿美元）
2011	795	235	2570	208	–	126
2012	851	316	2427	213	–	195
2013	896	353	2851	245	–	247
2014	951	371	2968	258	–	311
2015	973	377	3615	191	–	357
2016	1040	357	4831	194	–	299
2017	1168	388	5216	254	–	285
2018	1312	435	5864	360	–	301
2019	1423	483	6685	384	–	329
2020	2135	767	6183	255	–	376
2021	2463	962	6030	325	–	466
2022	2456	1049	5371	481	–	443

主要商品出口量值（美元）

续表 4

年份	通断保护电路装置及零件		箱包及类似容器		二极管及类似半导体器件		玩具	
	数量	金额（亿美元）	数量（万吨）	金额（亿美元）	数量（亿个）	金额（亿美元）	数量	金额（亿美元）
2011	–	176	327	239	3122	336	–	108
2012	–	199	302	253	3239	244	–	114
2013	–	216	302	276	3516	251	–	124
2014	–	246	300	271	5672	283	–	141
2015	–	245	284	282	7223	294	–	157
2016	–	247	279	249	7026	243	–	184
2017	–	271	310	266	5953	242	–	239
2018	–	299	316	271	5810	265	–	251
2019	–	307	307	272	5349	321	–	311
2020	–	309	201	206	5796	345	–	335
2021	–	395	240	268	7547	474	–	436
2022	–	421	292	344	6529	639	–	462

主要商品出口量值（美元）

续表 5

年份	液晶显示板		水产品		陶瓷产品		电线和电缆	
	数量（亿个）	金额（亿美元）	数量（万吨）	金额（亿美元）	数量（万吨）	金额（亿美元）	数量（万吨）	金额（亿美元）
2011	24	295	288	110	2429	141	180	149
2012	32	362	368	181	2494	167	186	166
2013	33	359	384	194	2541	192	195	184
2014	25	318	403	209	2598	221	217	210
2015	23	310	391	196	2526	260	217	201
2016	19	258	409	200	2344	183	224	196
2017	19	256	427	208	2342	192	241	207
2018	18	232	425	220	2260	216	242	216
2019	15	214	419	203	2122	251	229	205
2020	13	198	375	188	1768	251	207	185
2021	14	276	374	216	1839	290	233	238
2022	16	272	370	226	1808	308	226	252

主要商品出口量值（美元）

续表 6

年　份	船舶		静止式变流器		医药材及药品	
	数量（艘）	金额（亿美元）	数量（亿个）	金额（亿美元）	数量（万吨）	金额（亿美元）
2011	2850743	415	33	147	76	118
2012	2741879	359	40	155	76	119
2013	3075731	260	50	176	82	123
2014	3314884	230	53	182	88	134
2015	6700	258	51	178	88	135
2016	8201	202	52	164	95	136
2017	8013	207	54	171	101	151
2018	6899	217	54	179	103	174
2019	6410	203	51	184	110	173
2020	5712	172	54	209	131	230
2021	4619	215	67	274	146	496
2022	4539	215	54	339	132	251

主要商品出口量值（美元）

续表 7

年　份	未锻轧铝及铝材		印刷电路		新的充气橡胶轮胎	
	数量（万吨）	金额（亿美元）	数量（亿块）	金额（亿美元）	数量（亿条）	金额（亿美元）
2011	376	122	290	126	4	148
2012	346	113	292	137	4	159
2013	364	117	305	133	4	162
2014	434	134	316	138	5	164
2015	476	142	305	140	4	138
2016	458	124	291	128	5	129
2017	479	131	316	140	5	142
2018	580	165	330	153	5	151
2019	573	152	327	146	5	148
2020	486	131	363	151	5	133
2021	561	194	480	208	6	167
2022	659	259	433	197	6	189

注：1. 部分商品因无统一数量单位，故无数量数据。
2. 因 2015 年起商品编码 89031000 和 89039900 项下娱乐、充气划艇及轻舟等商品不再列为“船舶”，故“船舶”数量波动较大。
3. 因 2013 年以前鞋类无统一数量单位，故无数量数据。
4. 2020 年，“机电产品”“服装及衣着附件”“汽车零配件”“塑料制品”“二极管及类似半导体器件”商品范围调整。
5. 2020 年起，“医药品”名称修改为“医药材及药品”；2021 年起，“水泊”产品名称修改为“水产品”。

关税配额商品进口量值（人民币）

单位：万吨、亿元

商品名称	2011年		2012年		2013年		2014年		2015年		2016年	
	数量	金额	数量	金额	数量	金额	数量	金额	数量	金额	数量	金额
小麦	126	27	370	70	554	117	300	60	301	56	341	54
玉米	175	38	521	107	327	58	260	45	473	68	317	42
稻谷和大米	60	26	237	73	227	67	258	77	338	93	356	106
食糖	292	126	375	142	455	128	349	92	485	110	306	77
羊毛	32	186	31	167	35	171	33	149	35	153	32	155
毛条	1	4	1	5	1	5	1	5	1	6	1	2
棉花	336	615	513	745	415	524	244	306	147	159	90	104
化肥	111	38	165	59	160	54	134	46	155	54	123	38
尿素	0	0	17	5	3	1	1	0	1	0	7	1
含氮、磷、钾的复合肥	102	35	132	48	135	47	111	39	146	51	113	36
磷酸氢二铵	9	4	16	7	22	7	23	6	8	3	3	1

关税配额商品进口量值（人民币）

续表

商品名称	2017年		2018年		2019年		2020年		2021年		2022年	
	数量	金额	数量	金额	数量	金额	数量	金额	数量	金额	数量	金额
小麦	442	73	310	56	349	69	838	163	977	199	996	256
玉米	283	41	352	51	479	73	1130	172	2835	519	2062	467
稻谷和大米	403	126	308	108	255	89	294	103	496	144	619	177
食糖	229	73	280	67	339	77	527	124	567	148	527	173
羊毛	35	187	37	212	28	164	22	113	29	155	28	148
毛条	1	3	1	4	1	5	0	1	0	1	0	1
棉花	116	149	157	210	185	245	216	245	212	263	194	349
化肥	122	33	169	49	158	49	147	44	126	43	70	34
尿素	11	2	16	3	18	3	0	0	5	2	0	0
含氮、磷、钾的复合肥	111	31	146	44	139	46	140	43	121	42	70	34
磷酸氢二铵	0	0	6	2	0	0	6	1	0	0	0	0

关税配额商品进口量值（美元）

单位：万吨、亿美元

商品名称	2011年		2012年		2013年		2014年		2015年		2016年	
	数量	金额	数量	金额	数量	金额	数量	金额	数量	金额	数量	金额
小麦	126	4	370	11	554	19	300	10	301	9	341	8
玉米	175	6	521	17	327	9	260	7	473	11	317	6
稻谷和大米	60	4	237	12	227	11	258	13	338	15	356	16
食糖	292	19	375	22	455	21	349	15	485	18	306	12
羊毛	32	29	31	26	35	28	33	24	35	25	32	23
毛条	1	1	1	1	1	1	1	1	1	1	1	0
棉花	336	95	513	118	415	84	244	50	147	26	90	16
化肥	111	6	165	9	160	9	134	7	155	9	123	6
尿素	0	0	17	1	3	0	1	0	1	0	7	0
含氮、磷、钾的复合肥	102	5	132	8	135	8	111	6	146	8	113	6
磷酸氢二铵	9	1	16	1	22	1	23	1	8	0	3	0

关税配额商品进口量值（美元）

续表

商品名称	2017年		2018年		2019年		2020年		2021年		2022年	
	数量	金额	数量	金额	数量	金额	数量	金额	数量	金额	数量	金额
小麦	442	11	310	9	349	10	838	23	977	31	996	38
玉米	283	6	352	8	479	11	1130	25	2835	80	2062	71
稻谷和大米	403	19	308	16	255	13	294	15	496	22	619	27
食糖	229	11	280	10	339	11	527	18	567	23	527	26
羊毛	35	28	37	32	28	24	22	16	29	24	28	22
毛条	1	0	1	1	1	1	0	0	0	0	0	0
棉花	116	22	157	32	185	36	216	36	212	41	194	52
化肥	122	5	169	7	158	7	147	6	126	7	70	5
尿素	11	0	16	0	18	0	0	0	5	0	0	0
含氮、磷、钾的复合肥	111	5	146	7	139	7	140	6	121	6	70	5
磷酸氢二铵	0	0	6	0	0	0	6	0	0	0	0	0

重点商品主要国家（地区）进口总额
——铁矿砂

国家（地区）	亿元人民币			亿美元		
	2020 年	2021 年	2022 年	2020 年	2021 年	2022 年
澳大利亚	4949	7129	5478	715	1103	825
巴西	1787	2528	1728	259	391	260
南非	340	462	318	49	71	48
秘鲁	111	225	180	16	35	27

注：按 2022 年人民币值降序排列。

重点商品主要国家（地区）进口量及占比
——铁矿砂

国家（地区）	万　吨			占比（%）		
	2020 年	2021 年	2022 年	2020 年	2021 年	2022 年
澳大利亚	71262	68928	72860	60.9	61.5	65.9
巴西	23560	23710	22685	20.1	21.2	20.5
南非	4638	4023	3732	4.0	3.6	3.4
秘鲁	1358	1699	1856	1.2	1.5	1.7

注：按 2022 年数量降序排列。

重点商品主要国家（地区）进口总额——大豆

国家(地区)	亿元人民币			亿美元		
	2020年	2021年	2022年	2020年	2021年	2022年
巴西	1742	2138	2479	249	331	373
美国	723	1070	1204	106	166	180
阿根廷	202	137	163	29	21	23

注：按2022年人民币值降序排列。

重点商品主要国家（地区）进口量及占比——大豆

国家(地区)	万吨			占比(%)		
	2020年	2021年	2022年	2020年	2021年	2022年
巴西	6428	5806	5439	64.1	60.7	61.0
美国	2588	3162	2780	25.8	33.0	31.2
阿根廷	746	371	352	7.4	3.9	3.9

注：按2022年数量降序排列。

重点商品主要国家（地区）进口总额——煤

国家（地区）	亿元人民币			亿美元		
	2020 年	2021 年	2022 年	2020 年	2021 年	2022 年
印度尼西亚	443	1159	1267	64	180	189
俄罗斯	185	469	823	27	73	122
蒙古国	139	130	343	20	20	51
加拿大	48	187	210	7	29	32

注：按 2022 年人民币值降序排列。

重点商品主要国家（地区）进口量及占比——煤

国家（地区）	万　吨			占比（%）		
	2020 年	2021 年	2022 年	2020 年	2021 年	2022 年
印度尼西亚	14092	19539	17065	46. 4	60. 5	58. 2
俄罗斯	3957	5673	6807	13. 0	17. 6	23. 2
蒙古国	2855	1644	3114	9. 4	5. 1	10. 6
加拿大	549	1043	866	1. 8	3. 2	3. 0

注：按 2022 年数量降序排列。

重点商品主要国家（地区）进口总额——原油

国家（地区）	亿元人民币			亿美元		
	2020年	2021年	2022年	2020年	2021年	2022年
沙特阿拉伯	1936	2839	4326	280	439	650
俄罗斯	1889	2618	3908	273	405	586
伊拉克	1330	1710	2609	192	265	391
阿联酋	672	1057	2160	99	164	322
阿曼	885	1451	1938	128	225	292
科威特	619	988	1636	90	153	246
安哥拉	962	1290	1496	139	200	226
马来西亚	262	578	1469	38	90	217
巴西	965	1000	1239	139	155	186
卡塔尔	138	274	396	20	42	60

注：按2022年人民币值降序排列。

重点商品主要国家（地区）进口量及占比——原油

国家（地区）	万吨			占比（%）		
	2020年	2021年	2022年	2020年	2021年	2022年
沙特阿拉伯	8493	8756	8749	15.7	17.1	17.2
俄罗斯	8349	7964	8624	15.4	15.5	17.0
伊拉克	6012	5407	5549	11.1	10.5	10.9
阿联酋	3117	3194	4277	5.7	6.2	8.4
阿曼	3784	4481	3937	7.0	8.7	7.7
马来西亚	1246	1853	3564	2.3	3.6	7.0
科威特	2750	3016	3328	5.1	5.9	6.5
安哥拉	4178	3915	3009	7.7	7.6	5.9
巴西	4220	3030	2493	7.8	5.9	4.9
哥伦比亚	1238	946	865	2.3	1.8	1.7

注：按2022年数量降序排列。

重点商品主要国家（地区）进口总额——天然气

国家（地区）	亿元人民币			亿美元		
	2020 年	2021 年	2022 年	2020 年	2021 年	2022 年
澳大利亚	715	1052	1068	103	163	160
卡塔尔	232	314	775	34	49	116
俄罗斯	162	276	722	24	43	107
土库曼斯坦	416	439	687	60	68	103
马来西亚	120	263	453	17	41	68
印度尼西亚	122	178	204	18	28	31
美国	74	400	146	11	62	22
巴布亚新几内亚	73	111	134	11	17	20
缅甸	99	91	96	14	14	14
阿曼	21	57	88	3	9	13

注：按 2022 年人民币值降序排列。

重点商品主要国家（地区）进口量及占比——天然气

国家（地区）	万　吨			占比（%）		
	2020 年	2021 年	2022 年	2020 年	2021 年	2022 年
土库曼斯坦	2070	2400	2545	20. 4	19. 8	23. 3
澳大利亚	2894	3110	2185	28. 6	25. 6	20. 0
俄罗斯	802	1205	1808	7. 9	9. 9	16. 6
卡塔尔	815	898	1568	8. 0	7. 4	14. 4
马来西亚	603	823	736	6. 0	6. 8	6. 7
印度尼西亚	512	511	373	5. 1	4. 2	3. 4
哈萨克斯坦	533	464	315	5. 3	3. 8	2. 9
乌兹别克斯坦	250	325	288	2. 5	2. 7	2. 6
缅甸	303	304	273	3. 0	2. 5	2. 5
巴布亚新几内亚	300	316	251	3. 0	2. 6	2. 3

注：按 2022 年数量降序排列。

重点商品主要国家（地区）进口总额
——铜材

国家（地区）	亿元人民币			亿美元		
	2020 年	2021 年	2022 年	2020 年	2021 年	2022 年
智利	618	543	643	89	84	96
刚果民主共和国	257	374	575	37	58	86
赞比亚	218	259	355	32	40	54
日本	222	228	228	32	35	34
韩国	148	238	226	21	37	34
俄罗斯	193	252	195	28	39	29
哈萨克斯坦	127	158	159	18	25	24
中国台湾	143	174	130	21	27	20
澳大利亚	91	96	102	13	15	15
秘鲁	92	93	101	13	14	15

注：按 2022 年人民币值降序排列。

重点商品主要国家（地区）进口量及占比
——铜材

国家（地区）	万　吨			占比（%）		
	2020 年	2021 年	2022 年	2020 年	2021 年	2022 年
智利	144	90	108	21.6	16.3	18.4
刚果民主共和国	60	62	98	9.0	11.3	16.7
赞比亚	51	44	61	7.6	7.9	10.3
韩国	29	36	34	4.3	6.5	5.7
俄罗斯	44	43	34	6.6	7.7	5.7
日本	40	30	31	6.0	5.4	5.3
哈萨克斯坦	30	26	26	4.5	4.8	4.5
澳大利亚	21	16	17	3.1	2.9	2.9
秘鲁	21	15	17	3.1	2.8	2.9
南非	8	13	15	1.3	2.3	2.6

注：按 2022 年数量降序排列。

重点商品主要国家（地区）进口总额——汽车

国家（地区）	亿元人民币			亿美元		
	2020 年	2021 年	2022 年	2020 年	2021 年	2022 年
德国	987	1070	1156	142	165	174
美国	600	727	657	87	112	99
日本	708	576	644	102	89	97
斯洛伐克	370	384	410	53	59	62
英国	249	319	288	36	49	44
奥地利	54	95	120	8	15	18

注：按 2022 年人民币值降序排列。

重点商品主要国家（地区）进口量及占比——汽车

国家（地区）	万　辆			占比（%）		
	2020 年	2021 年	2022 年	2020 年	2021 年	2022 年
德国	25	27	26	27. 2	28. 9	29. 5
日本	32	26	25	34. 8	27. 8	28. 9
美国	14	16	14	15. 2	17. 4	15. 7
斯洛伐克	8	8	8	8. 7	8. 7	9. 2
英国	6	6	6	6. 5	6. 5	6. 4
瑞典	2	3	3	2. 2	2. 8	2. 8

注：按 2022 年数量降序排列。

重点商品主要国家（地区）进口总额——集成电路

国家（地区）	亿元人民币			亿美元		
	2020 年	2021 年	2022 年	2020 年	2021 年	2022 年
中国台湾	8563	9979	10469	1239	1545	1573
韩国	4751	5692	5601	686	881	843
中国	2809	3761	3345	406	582	503
马来西亚	2100	2167	1957	303	336	294
日本	1252	1405	1323	181	217	198
越南	1401	1201	1083	202	186	162
美国	983	1012	804	142	157	121

注：按 2022 年人民币值降序排列。

重点商品主要国家（地区）进口量及占比——集成电路

国家（地区）	亿 个			占比（%）		
	2020 年	2021 年	2022 年	2020 年	2021 年	2022 年
中国台湾	1814	2016	1786	33.4	31.8	33.2
中国	1003	1237	966	18.5	19.5	18.0
韩国	595	628	514	10.9	9.9	9.6
日本	415	489	429	7.6	7.7	8.0
美国	397	493	390	7.3	7.8	7.3
马来西亚	266	329	298	4.9	5.2	5.5
新加坡	177	266	225	3.3	4.2	4.2

注：按 2022 年数量降序排列。

重点商品主要国家（地区）出口总额
——钢材

国家（地区）	亿元人民币			亿美元		
	2020年	2021年	2022年	2020年	2021年	2022年
菲律宾	184	354	514	27	55	77
韩国	280	468	455	40	72	69
越南	227	350	393	33	54	59
泰国	182	272	296	26	42	45
印度	94	187	287	14	29	43
印度尼西亚	113	194	234	16	30	35
土耳其	50	152	220	7	24	33
沙特阿拉伯	77	96	183	11	15	27
阿联酋	86	126	175	12	19	26
美国	94	132	168	14	20	25

注：按2022年人民币值降序排列。

重点商品主要国家（地区）出口量及占比
——钢材

国家（地区）	万　吨			占比（%）		
	2020年	2021年	2022年	2020年	2021年	2022年
韩国	557	709	635	10.4	10.7	9.6
越南	446	558	537	8.3	8.4	8.1
泰国	365	377	381	6.8	5.7	5.7
菲律宾	299	346	373	5.6	5.2	5.6
印度尼西亚	217	277	282	4.0	4.2	4.3
土耳其	67	180	244	1.3	2.7	3.7
沙特阿拉伯	157	130	223	2.9	2.0	3.4
阿联酋	141	171	199	2.6	2.6	3.0
巴西	94	256	154	1.8	3.9	2.3
印度	121	116	146	2.3	1.7	2.2
马来西亚	112	133	142	2.1	2.0	2.1

注：按2022年数量降序排列。

重点商品主要国家（地区）出口总额——手机

国家（地区）	亿元人民币			亿美元		
	2020 年	2021 年	2022 年	2020 年	2021 年	2022 年
美国	2215	2534	2845	322	393	427
中国香港	1943	2319	2188	282	359	326
日本	452	487	462	66	75	69
荷兰	550	522	410	80	81	61
捷克	210	148	341	30	23	51
英国	272	259	295	40	40	44
阿联酋	218	199	241	31	31	36
意大利	115	131	205	17	20	31
俄罗斯	219	257	191	32	40	29
墨西哥	117	153	170	17	24	26

注：按 2022 年人民币值降序排列。

重点商品主要国家（地区）出口量及占比——手机

国家（地区）	万台			占比（%）		
	2020 年	2021 年	2022 年	2020 年	2021 年	2022 年
中国香港	36865	34069	23597	38.1	35.7	28.8
美国	9948	11127	11111	10.3	11.7	13.6
阿联酋	4056	4637	4914	4.2	4.9	6.0
俄罗斯	2721	2809	2695	2.8	2.9	3.3
日本	2050	2266	2016	2.1	2.4	2.5
墨西哥	1724	2118	1984	1.8	2.2	2.4
印度	3330	1720	1948	3.4	1.8	2.4
印度尼西亚	1532	2030	1846	1.6	2.1	2.3
尼日利亚	1856	1903	1699	1.9	2.0	2.1
巴基斯坦	2272	2283	1522	2.4	2.4	1.9

注：按 2022 年数量降序排列。

重点商品主要国家（地区）出口总额
——笔记本电脑

国家（地区）	亿元人民币			亿美元		
	2020 年	2021 年	2022 年	2020 年	2021 年	2022 年
美国	2341	2552	2285	338	395	343
荷兰	598	601	610	86	93	92
德国	419	568	527	60	88	79
印度	216	336	327	31	52	49
日本	398	343	310	57	53	47
英国	264	292	259	38	45	39
中国香港	294	330	253	42	51	38
澳大利亚	157	160	177	23	25	27
阿联酋	93	113	126	13	17	19
韩国	109	109	114	16	17	17

注：按 2022 年人民币值降序排列。

重点商品主要国家（地区）出口量及占比
——笔记本电脑

国家（地区）	万　台			占比（%）		
	2020 年	2021 年	2022 年	2020 年	2021 年	2022 年
美国	6772	8046	5540	37.4	36.3	33.5
荷兰	1473	1638	1466	8.1	7.4	8.9
德国	1275	1793	1335	7.0	8.1	8.1
印度	673	1000	909	3.7	4.5	5.5
日本	1219	1048	798	6.7	4.7	4.8
中国香港	814	947	653	4.5	4.3	3.9
英国	809	925	603	4.5	4.2	3.6
澳大利亚	375	393	385	2.1	1.8	2.3
阿联酋	299	394	361	1.7	1.8	2.2
韩国	256	300	281	1.4	1.4	1.7

注：按 2022 年数量降序排列。

重点商品主要国家（地区）出口总额
——汽车

国家（地区）	亿元人民币			亿美元		
	2020 年	2021 年	2022 年	2020 年	2021 年	2022 年
比利时	32	199	376	5	31	56
英国	37	145	291	5	22	43
俄罗斯	48	128	274	7	20	40
沙特阿拉伯	104	119	210	15	18	31
澳大利亚	37	106	204	5	16	30
墨西哥	28	60	190	4	9	28
智利	40	119	163	6	18	25
阿联酋	13	29	139	2	5	20
西班牙	3	2	127	0	0	18
美国	57	66	105	8	10	16

注：按 2022 年人民币值降序排列。

重点商品主要国家（地区）出口量及占比
——汽车

国家（地区）	万　辆			占比（%）		
	2020 年	2021 年	2022 年	2020 年	2021 年	2022 年
墨西哥	4	10	25	3.3	4.5	7.7
沙特阿拉伯	10	13	22	9.1	[illegible]	6.7
智利	6	19	21	5.2	9.0	6.4
比利时	2	11	21	[illegible]	5.2	6.2
俄罗斯	4	12	16	4.0	5.7	4.9
澳大利亚	4	10	[illegible]	3.7	4.5	4.8
英国	3	8	15	2.4	3.7	4.4
菲律宾	3	[illegible]	14	3.0	2.8	4.4
马来西亚	4	5	10	3.5	2.1	2.9
阿联酋	1	3	9	0.9	1.2	2.8

注：按 2022 年数量降序排列。

重点商品主要国家（地区）出口总额
——机电产品

国家（地区）	亿元人民币			亿美元		
	2020年	2021年	2022年	2020年	2021年	2022年
美国	19218	22290	22914	2779	3450	3441
中国香港	15241	18154	15182	2208	2811	2274
日本	5372	5777	6055	776	894	907
韩国	4384	5151	5489	633	798	824
荷兰	3912	4568	5350	566	707	802
德国	3810	4872	5191	551	754	778
越南	4466	4914	5042	646	761	756
印度	2764	3657	4503	400	566	676
中国台湾	2956	3482	3682	427	539	554
墨西哥	2205	2971	3317	318	460	498

注：1. 因该类商品无统一数量单位，故只汇总金额。
2. 按2022年人民币值降序排列。

重点商品主要国家（地区）出口总额
——纺织服装

国家（地区）	亿元人民币			亿美元		
	2020年	2021年	2022年	2020年	2021年	2022年
美国	3766	3602	3523	542	557	530
日本	1497	1289	1328	216	199	199
越南	1030	1127	1238	149	174	185
韩国	631	619	678	91	96	101
孟加拉国	375	551	607	54	85	92
德国	811	606	573	116	94	86
吉尔吉斯斯坦	121	301	559	17	47	83
澳大利亚	418	435	513	60	67	77
英国	879	568	502	126	88	75
马来西亚	280	406	436	41	63	65

注：1. 因该类商品无统一数量单位，故只汇总金额。
2. 纺织服装包括纺织纱线、服装及衣着附件。
3. 按2022年人民币值降序排列。

重点商品主要国家（地区）出口总额——家具

国家（地区）	亿元人民币			亿美元		
	2020年	2021年	2022年	2020年	2021年	2022年
美国	1133	1358	1248	164	210	188
日本	204	214	243	29	33	36
澳大利亚	192	211	214	28	33	32
韩国	171	187	201	25	29	30
英国	217	249	196	31	38	30
德国	164	199	159	24	31	24
马来西亚	121	131	153	17	20	23
加拿大	135	152	142	20	23	21
法国	93	121	114	14	19	17
新加坡	124	59	110	18	9	16

注：1. 因该类商品无统一数量单位，故只汇总金额。
2. 按2022年人民币值降序排列。

重点商品主要国家（地区）出口总额——玩具

国家（地区）	亿元人民币			亿美元		
	2020年	2021年	2022年	2020年	2021年	2022年
美国	591	831	844	85	129	127
日本	91	110	154	13	17	23
英国	117	128	123	17	20	19
韩国	68	100	123	10	15	18
墨西哥	52	84	111	8	13	17
德国	79	100	95	11	15	14
马来西亚	58	63	88	8	10	13
荷兰	65	93	86	9	14	13
越南	54	47	80	8	7	12
澳大利亚	57	69	76	8	11	11

注：1. 因该类商品无统一数量单位，故只汇总金额。
2. 按2022年人民币值降序排列。

重点商品年度进口总额（人民币）

单位：亿元

年　份	铁矿砂	原　油	煤	天然气	大　豆	铜　材	集成电路	汽　车
2000	150	1217	6	0	188	290	1101	98
2001	207	965	7	0	233	290	1373	142
2002	229	1056	28	0	205	367	1769	262
2003	402	1637	30	0	448	464	2932	430
2004	1051	2807	74	0	578	639	4523	439
2005	1514	3927	114	0	640	768	6102	419
2006	1678	5328	130	9	601	993	7747	600
2007	2608	6140	188	46	881	1510	9767	833
2008	4279	9091	260	66	1528	1350	9052	1067
2009	3426	6098	745	88	1283	1548	8190	1043
2010	5409	9179	1234	272	1701	2230	10652	2076
2011	7303	12774	1547	674	1932	2386	11044	2803
2012	6045	13941	1813	1064	2209	2438	12132	2996
2013	6587	13638	1805	1273	2357	2176	14359	3020
2014	5739	14016	1366	1464	2473	2185	13366	3725
2015	3562	8326	750	1146	2158	1802	14294	2773
2016	3809	7698	938	1089	2246	1741	15005	2942
2017	5175	11003	1536	1574	2688	2115	17592	3422
2018	4984	15882	1613	2552	2503	2469	20584	3331
2019	6986	16702	1605	2873	2437	2240	21078	3332
2020	8229	12218	1411	2315	2743	2988	24207	3216
2021	11752	16694	2337	3595	3430	3389	27864	3489
2022	8473	24369	2860	4684	4007	3606	27497	3527

重点商品年度进口总额（美元）

单位：亿美元

年　份	铁矿砂	原　油	煤	天然气	大　豆	铜　材	集成电路	汽　车
2000	18	147	1	0	23	35	133	12
2001	25	117	1	0	28	35	166	17
2002	28	128	3	0	25	44	214	32
2003	49	198	4	0	54	56	354	52
2004	127	339	9	0	70	77	547	53
2005	184	477	14	0	78	93	743	51
2006	209	664	16	1	75	124	969	75
2007	338	799	24	6	115	197	1277	109
2008	607	1293	37	9	218	192	1293	151
2009	501	893	109	13	188	227	1199	154
2010	798	1353	182	40	251	329	1570	306
2011	1124	1968	239	104	297	368	1702	432
2012	957	2208	287	168	350	386	1921	475
2013	1061	2197	290	205	380	351	2312	487
2014	935	2283	223	238	403	356	2176	606
2015	574	1343	121	185	348	290	2299	447
2016	577	1165	142	165	340	264	2270	445
2017	763	1623	226	233	396	313	2601	505
2018	755	2403	246	385	381	375	3121	505
2019	1013	2424	234	417	353	325	3055	484
2020	1189	1763	202	335	395	432	3500	463
2021	1817	2585	362	557	531	525	4315	539
2022	1277	3658	427	700	600	543	4132	532

重点商品年度出口总额（人民币）

单位：亿元

年　份	机电产品	服装及衣着附件	家　具	玩　具	钢　材	手　机	笔记本电脑	汽　车
2000	8613	2976	294	411	184	220	17	15
2001	9708	3025	328	381	154	341	57	16
2002	12739	3408	444	417	181	437	182	20
2003	18533	4297	604	448	257	610	937	28
2004	26424	5099	841	475	690	1172	1720	51
2005	34633	6077	1110	482	1078	1695	2455	142
2006	43459	7622	1372	496	2100	2497	3076	231
2007	53253	8837	1700	649	3402	2726	4063	513
2008	57134	8423	1893	603	4445	2697	4595	625
2009	48262	7313	1729	532	1521	2702	4553	320
2010	63293	8781	2237	684	2502	3168	6463	420
2011	70121	9942	2463	702	3333	4067	6864	645
2012	74463	10050	3082	723	3252	5116	7184	800
2013	78532	10981	3219	767	3306	5895	6875	743
2014	80527	11445	3195	869	4350	7085	4654	769
2015	81421	10816	3276	973	3889	7711	4013	696
2016	79820	10413	3151	1216	3587	7643	3852	706
2017	89465	10656	3385	1621	3700	8509	4662	897
2018	96457	10413	3544	1662	3984	9343	4921	971
2019	100626	10446	3730	2152	3699	8611	5088	1049
2020	106608	9520	4039	2317	3151	8647	6125	1090
2021	126817	10801	4644	2819	5125	9447	7006	2225
2022	135220	11527	4506	3086	6135	9523	6440	4052

重点商品年度出口总额（美元）

单位：亿美元

年份	机电产品	服装及衣着附件	家具	玩具	钢材	手机	笔记本电脑	汽车
2000	1040	359	35	50	22	27	2	2
2001	1173	365	40	46	19	41	7	2
2002	1539	412	54	50	22	53	22	2
2003	2238	519	73	54	31	74	113	3
2004	3193	616	102	57	83	142	208	6
2005	4215	739	135	59	131	206	299	17
2006	5430	952	171	62	262	312	385	29
2007	6951	1152	222	85	441	356	531	67
2008	8143	1202	269	86	635	385	656	89
2009	7071	1071	253	78	223	396	666	47
2010	9334	1295	330	101	368	467	953	62
2011	10803	1532	379	108	513	628	1059	99
2012	11793	1591	488	114	515	810	1138	127
2013	12650	1770	518	124	532	951	1108	120
2014	13109	1863	520	141	708	1154	758	125
2015	13101	1742	528	157	628	1237	646	112
2016	12094	1578	478	184	545	1155	583	107
2017	13215	1572	499	240	545	1261	689	133
2018	14607	1576	537	251	606	1406	745	148
2019	14590	1513	541	311	537	1244	738	152
2020	15411	1374	584	335	455	1255	885	157
2021	19629	1672	719	436	793	1463	1085	344
2022	20269	1726	677	462	922	1426	969	601

商品构成进口总额（HS2）

类 章	亿元人民币			亿美元		
	2020 年	2021 年	2022 年	2020 年	2021 年	2022 年
总 额	**142231**	**173137**	**180391**	**20556**	**26794**	**27065**
第一类 活动物；动物产品	**3559**	**3690**	**4102**	**513**	**571**	**614**
01 章 活动物	44	61	60	6	9	9
02 章 肉及食用杂碎	2100	2042	2063	303	316	309
03 章 鱼、甲壳动物、软体动物及其他水生无脊椎动物	858	892	1257	124	138	188
04 章 乳品；蛋品；天然蜂蜜；其他食用动物产品	504	627	633	73	97	95
05 章 其他动物产品	53	68	90	8	10	14
第二类 植物产品	**4969**	**6659**	**7487**	**717**	**1030**	**1125**
06 章 活树及其他活植物；鳞茎、根及类似品；插花及装饰用簇叶	17	16	16	2	2	2
07 章 食用蔬菜、根及块茎	136	185	257	20	29	39
08 章 食用水果及坚果；甜瓜或柑橘属水果的果皮	833	1030	1110	120	159	167
09 章 咖啡、茶、马黛茶及调味香料	85	109	105	12	17	16
10 章 谷物	644	1291	1285	93	200	195
11 章 制粉工业产品；麦芽；淀粉；菊粉；面筋	100	127	167	14	20	25
12 章 含油子仁及果实；杂项子仁及果实；工业用或药用植物；稻草、秸秆及饲料	3120	3859	4499	450	597	674
13 章 虫胶；树胶、树脂及其他植物液、汁	26	30	35	4	5	5
14 章 编结用植物材料；其他植物产品	9	14	13	1	2	2
第三类 动、植物油、脂及其分解产品；精制的食用油脂；动、植物蜡	**778**	**1032**	**1032**	**113**	**160**	**154**
15 章 动、植物油、脂及其分解产品；精制的食用油脂；动、植物蜡	778	1032	1032	113	160	154
第四类 食品；饮料、酒及醋；烟草、烟草及烟草代用品的制品	**1933**	**2102**	**2247**	**280**	**325**	**335**
16 章 肉、鱼、甲壳动物、软体动物及其他水生无脊椎动物的制品	24	25	25	4	4	4
17 章 糖及糖食	181	204	243	26	31	36

商品构成进口总额（HS2）

续表 1

类 章	亿元人民币			亿美元		
	2020 年	2021 年	2022 年	2020 年	2021 年	2022 年
18 章 可可及可可制品	53	67	64	8	10	9
19 章 谷物、粮食粉、淀粉或乳的制品；糕饼点心	508	441	456	73	68	68
20 章 蔬菜、水果、坚果或植物其他部分的制品	93	110	123	13	17	18
21 章 杂项食品	309	313	363	45	48	54
22 章 饮料、酒及醋	351	426	363	51	66	54
23 章 食品工业的残渣及废料；配制的动物饲料	332	421	497	48	65	74
24 章 烟草、烟草及烟草代用品的制品	81	94	113	12	15	17
第五类 矿产品	**31472**	**44373**	**51728**	**4545**	**6868**	**7765**
25 章 盐；硫磺；泥土及石料；石膏料、石灰及水泥	476	628	1130	69	97	169
26 章 矿砂、矿渣及矿灰	12454	17564	14869	1800	2717	2239
27 章 矿物燃料、矿物油及其蒸馏产品；沥青物质；矿物蜡	18542	26182	35729	2676	4054	5357
第六类 化学工业及其相关工业的产品	**10427**	**12277**	**13241**	**1505**	**1900**	**1985**
28 章 无机化学品；贵金属、稀土金属、放射性元素及其同位素的有机及无机化合物	764	962	1738	110	149	259
29 章 有机化学品	3159	3891	3857	456	602	581
30 章 药品	2422	2704	2672	349	419	399
31 章 肥料	202	179	331	29	28	50
32 章 鞣料浸膏及染料浸膏；鞣酸及其衍生物；染料、颜料及其他着色料；油漆及清漆；油灰及其他类似胶粘剂；墨水、油墨	334	390	347	48	60	52
33 章 精油及香膏；芳香料制品及化妆盥洗品	1417	1558	1438	205	241	215
34 章 肥皂、有机表面活性剂、洗涤剂、润滑剂、人造蜡、调制蜡、光洁剂、蜡烛及类似品、塑型用膏、“牙科用蜡”及牙科用熟石膏制剂	347	481	449	50	74	67

商品构成进口总额（HS2）

续表 2

类　章	亿元人民币			亿美元		
	2020 年	2021 年	2022 年	2020 年	2021 年	2022 年
35 章 蛋白类物质；改性淀粉；胶；酶	272	307	311	39	48	47
36 章 炸药；烟火制品；火柴；引火合金；易燃材料制品	6	7	8	1	1	1
37 章 照相及电影用品	201	235	234	29	36	35
38 章 杂项化学产品	1303	1564	1856	188	242	278
第七类 塑料及其制品；橡胶及其制品	**6029**	**6541**	**6232**	**872**	**1012**	**937**
39 章 塑料及其制品	4914	5351	4996	710	828	751
40 章 橡胶及其制品	1114	1190	1236	161	184	186
第八类 生皮、皮革、毛皮及其制品；鞍具及挽具；旅行用品、手提包及类似品；动物肠线（蚕胶丝除外）制品	**558**	**757**	**649**	**81**	**117**	**97**
41 章 生皮（毛皮除外）及皮革	188	244	216	27	38	33
42 章 皮革制品；鞍具及挽具；旅行用品、手提包及类似容器；动物肠线（蚕胶丝除外）制品	333	452	400	48	70	60
43 章 毛皮、人造毛皮及其制品	37	61	32	5	9	5
第九类 木及木制品；木炭；软木及软木制品；稻草、秸秆、针茅或其他编结材料制品；篮筐及柳条编结品	**1403**	**1571**	**1481**	**202**	**243**	**223**
44 章 木及木制品；木炭	1399	1566	1476	202	242	222
45 章 软木及软木制品	2	3	3	0	0	0
46 章 稻草、秸秆、针茅或其他编结材料制品；篮筐及柳条编结品	1	1	2	0	0	0
第十类 木浆及其他纤维状纤维素浆；回收（废碎）纸或纸板；纸、纸板及其制品	**1828**	**2027**	**2118**	**264**	**314**	**317**
47 章 木浆及其他纤维状纤维素浆；回收（废碎）纸或纸板	1171	1304	1502	169	202	225
48 章 纸及纸板；纸浆、纸或纸板制品	504	570	465	73	88	70
49 章 书籍、报纸、印刷图画及其他印刷品；手稿、打字稿及设计图纸	153	153	151	22	24	23
第十一类 纺织原料及纺织制品	**2031**	**2288**	**2093**	**294**	**354**	**314**

商品构成进口总额（HS2）

续表 3

类 章	亿元人民币			亿美元		
	2020 年	2021 年	2022 年	2020 年	2021 年	2022 年
50 章 蚕丝	3	6	5	0	1	1
51 章 羊毛、动物细毛或粗毛；马毛纱线及其机织物	159	207	206	23	32	31
52 章 棉花	571	681	615	83	105	93
53 章 其他植物纺织纤维；纸纱线及其机织物	56	66	72	8	10	11
54 章 化学纤维长丝；化学纤维纺织材料制扁条及类似品	153	179	153	22	28	23
55 章 化学纤维短纤	113	116	104	16	18	16
56 章 絮胎、毡呢及无纺织物；特种纱线；线、绳、索、缆及其制品	103	93	82	15	14	12
57 章 地毯及纺织材料的其他铺地制品	5	7	6	1	1	1
58 章 特种机织物；簇绒织物；花边；装饰毯；装饰带；刺绣品	23	26	23	3	4	3
59 章 浸渍、涂布、包覆或层压的纺织物；工业用纺织制品	101	108	100	15	17	15
60 章 针织物及钩编织物	71	74	60	10	11	9
61 章 针织或钩编的服装及衣着附件	243	302	280	35	47	42
62 章 非针织或非钩编的服装及衣着附件	328	392	361	47	61	54
63 章 其他纺织制成品；成套物品；旧衣着及旧纺织品；碎织物	100	31	26	14	5	4
第十二类 鞋、帽、伞、杖、鞭及其零件；已加工的羽毛及其制品；人造花；人发制品	**449**	**499**	**501**	**65**	**77**	**75**
64 章 鞋靴、护腿和类似品及其零件	414	418	416	60	65	62
65 章 帽类及其零件	13	18	17	2	3	3
66 章 雨伞、阳伞、手杖、鞭子、马鞭及其零件	1	1	1	0	0	0
67 章 已加工羽毛、羽绒及其制品；人造花；人发制品	22	62	68	3	10	10
第十三类 石料、石膏、水泥、石棉、云母及类似材料的制品；陶瓷产品；玻璃及其制品	**763**	**823**	**736**	**110**	**127**	**111**

商品构成进口总额（HS2）

续表 4

类 章	亿元人民币			亿美元		
	2020 年	2021 年	2022 年	2020 年	2021 年	2022 年
68 章 石料、石膏、水泥、石棉、云母及类似材料的制品	126	147	147	18	23	22
69 章 陶瓷产品	93	123	107	13	19	16
70 章 玻璃及其制品	544	553	482	79	86	72
第十四类 天然或养殖珍珠、宝石或半宝石、贵金属、包贵金属及其制品；仿首饰；硬币	**2193**	**4998**	**6976**	**317**	**774**	**1034**
71 章 天然或养殖珍珠、宝石或半宝石、贵金属、包贵金属及其制品；仿首饰；硬币	2193	4998	6976	317	774	1034
第十五类 贱金属及其制品	**8169**	**10012**	**10667**	**1181**	**1550**	**1603**
72 章 钢铁	2549	2814	2914	368	435	438
73 章 钢铁制品	656	689	631	95	107	95
74 章 铜及其制品	3359	4270	4563	485	661	687
75 章 镍及其制品	292	547	853	42	85	128
76 章 铝及其制品	564	806	780	81	125	117
77 章（保留为协调制度将来所用）						
78 章 铅及其制品	8	7	6	1	1	1
79 章 锌及其制品	137	109	40	20	17	6
80 章 锡及其制品	28	18	76	4	3	11
81 章 其他贱金属、金属陶瓷及其制品	235	383	474	34	59	72
82 章 贱金属工具、器具、利口器、餐匙、餐叉及其零件	215	224	199	31	35	30
83 章 贱金属杂项制品	125	145	130	18	22	20
第十六类 机器、机械器具、电气设备及其零件；录音机及放声机、电视图像、声音的录制和重放设备及其零件、附件	**51207**	**57951**	**56066**	**7407**	**8970**	**8419**
84 章 核反应堆、锅炉、机器、机械器具及其零件	13281	14932	13395	1920	2310	2013
85 章 电机、电气设备及其零件；录音机及放声机、电视图像、声音的录制和重放设备及其零件、附件	37926	43019	42672	5487	6660	6406

商品构成进口总额（HS2）

续表 5

类　章	亿元人民币			亿美元		
	2020 年	2021 年	2022 年	2020 年	2021 年	2022 年
第十七类 车辆、航空器、船舶及有关运输设备	**5980**	**6569**	**6156**	**864**	**1015**	**926**
86 章 铁道及电车道机车、车辆及其零件；铁道及电车道轨道固定装置及其零件、附件；各种机械（包括电动机械）交通信号设备	50	38	36	7	6	5
87 章 车辆及其零件、附件，但铁道及电车道车辆除外	5129	5591	5355	740	864	807
88 章 航空器、航天器及其零件	650	742	688	95	115	102
89 章 船舶及浮动结构体	152	198	78	22	31	12
第十八类 光学、照相、电影、计量、检验、医疗或外科用仪器及设备、精密仪器及设备；钟表；乐器；上述物品的零件、附件	**7190**	**7423**	**5753**	**1040**	**1149**	**862**
90 章 光学、照相、电影、计量、检验、医疗或外科用仪器及设备、精密仪器及设备；上述物品的零件、附件	6851	7014	5430	991	1086	813
91 章 钟表及其零件	308	372	285	45	58	43
92 章 乐器及其零件、附件	31	37	38	4	6	6
第十九类 武器、弹药及其零件、附件	**1**	**0**	**0**	**0**	**0**	**0**
93 章 武器、弹药及其零件、附件	1	0	0	0	0	0
第二十类 杂项制品	**491**	**530**	**484**	**71**	**82**	**72**
94 章 家具；寝具、褥垫、弹簧床垫、软坐垫及类似的填充制品；未列名灯具及照明装置；发光标志、发光铭牌及类似品；活动房屋	200	205	189	29	32	28
95 章 玩具、游戏品、运动用品及其零件、附件	159	193	186	23	30	28
96 章 杂项制品	132	132	109	19	20	16
第二十一类 艺术品、收藏品及古物	**46**	**159**	**122**	**7**	**25**	**18**
97 章 艺术品、收藏品及古物	46	159	122	7	25	18
第二十二类 特殊交易品及未分类商品	**755**	**854**	**522**	**109**	**131**	**78**
98 章 特殊交易品及未分类商品	755	854	522	109	131	78

商品构成出口总额（HS2）

类　章	亿元人民币			亿美元		
	2020 年	2021 年	2022 年	2020 年	2021 年	2022 年
总　额	**179326**	**214255**	**236337**	**25906**	**33160**	**35444**
第一类 活动物；动物产品	**999**	**971**	**1100**	**144**	**150**	**165**
01 章 活动物	42	36	36	6	6	5
02 章 肉及食用杂碎	49	56	66	7	9	10
03 章 鱼、甲壳动物、软体动物及其他水生无脊椎动物	741	712	815	107	110	122
04 章 乳品；蛋品；天然蜂蜜；其他食用动物产品	40	40	47	6	6	7
05 章 其他动物产品	127	127	135	18	20	20
第二类 植物产品	**1908**	**1816**	**1893**	**276**	**281**	**283**
06 章 活树及其他活植物；鳞茎、根及类似品；插花及装饰用簇叶	33	37	38	5	6	6
07 章 食用蔬菜、根及块茎	670	648	678	97	100	101
08 章 食用水果及坚果；甜瓜或柑橘属水果的果皮	487	409	369	71	63	55
09 章 咖啡、茶、马黛茶及调味香料	280	271	255	40	42	38
10 章 谷物	67	70	72	10	11	11
11 章 制粉工业产品；麦芽；淀粉；菊粉；面筋	48	42	71	7	7	11
12 章 含油子仁及果实；杂项子仁及果实；工业用或药用植物；稻草、秸秆及饲料	199	191	211	29	30	32
13 章 虫胶；树胶、树脂及其他植物液、汁	114	136	183	16	21	27
14 章 编结用植物材料；其他植物产品	11	13	17	2	2	3
第三类 动、植物油、脂及其分解产品；精制的食用油脂；动、植物蜡	**100**	**153**	**239**	**14**	**24**	**36**
15 章 动、植物油、脂及其分解产品；精制的食用油脂；动、植物蜡	100	153	239	14	24	36
第四类 食品；饮料、酒及醋；烟草、烟草及烟草代用品的制品	**2153**	**2382**	**3147**	**311**	**369**	**472**
16 章 肉、鱼、甲壳动物、软体动物及其他水生无脊椎动物的制品	634	757	784	92	117	118
17 章 糖及糖食	118	125	171	17	19	26

商品构成出口总额（HS2）

续表 1

类 章	亿元人民币			亿美元		
	2020 年	2021 年	2022 年	2020 年	2021 年	2022 年
18 章 可可及可可制品	23	28	29	3	4	4
19 章 谷物、粮食粉、淀粉或乳的制品；糕饼点心	139	152	163	20	23	24
20 章 蔬菜、水果、坚果或植物其他部分的制品	529	534	660	76	83	99
21 章 杂项食品	317	369	421	46	57	63
22 章 饮料、酒及醋	137	133	156	20	21	23
23 章 食品工业的残渣及废料；配制的动物饲料	203	238	259	29	37	39
24 章 烟草、烟草及烟草代用品的制品	54	46	503	8	7	75
第五类 矿产品	**2581**	**3310**	**4830**	**372**	**511**	**723**
25 章 盐；硫磺；泥土及石料；石膏料、石灰及水泥	215	242	279	31	37	42
26 章 矿砂、矿渣及矿灰	134	294	259	19	45	39
27 章 矿物燃料、矿物油及其蒸馏产品；沥青物质；矿物蜡	2232	2775	4292	321	428	642
第六类 化学工业及其相关工业的产品	**9527**	**13737**	**16302**	**1375**	**2126**	**2454**
28 章 无机化学品；贵金属、稀土金属、放射性元素及其同位素的有机及无机化合物	1053	1494	2609	152	231	391
29 章 有机化学品	3949	5330	6747	570	825	1017
30 章 药品	913	2490	929	132	385	140
31 章 肥料	456	740	759	66	114	113
32 章 鞣料浸膏及染料浸膏；鞣酸及其衍生物；染料、颜料及其他着色料；油漆及清漆；油灰及其他类似胶粘剂；墨水、油墨	543	666	692	78	103	104
33 章 精油及香膏；芳香料制品及化妆盥洗品	360	404	482	52	63	72
34 章 肥皂、有机表面活性剂、洗涤剂、润滑剂、人造蜡、调制蜡、光洁剂、蜡烛及类似品、塑型用膏、“牙科用蜡”及牙科用熟石膏制剂	364	375	455	53	58	68

商品构成出口总额（HS2）

续表 2

类 章	亿元人民币			亿美元		
	2020 年	2021 年	2022 年	2020 年	2021 年	2022 年
35 章 蛋白类物质；改性淀粉；胶；酶	237	276	323	34	43	49
36 章 炸药；烟火制品；火柴；引火合金；易燃材料制品	51	57	81	7	9	12
37 章 照相及电影用品	65	79	95	9	12	14
38 章 杂项化学产品	1538	1825	3131	222	283	473
第七类 塑料及其制品；橡胶及其制品	**8232**	**10287**	**11435**	**1190**	**1592**	**1718**
39 章 塑料及其制品	6673	8286	9351	964	1282	1405
40 章 橡胶及其制品	1560	2000	2084	225	310	313
第八类 生皮、皮革、毛皮及其制品；鞍具及挽具；旅行用品、手提包及类似品；动物肠线（蚕胶丝除外）制品	**1840**	**2160**	**2707**	**266**	**334**	**405**
41 章 生皮（毛皮除外）及皮革	45	63	64	6	10	10
42 章 皮革制品；鞍具及挽具；旅行用品、手提包及类似容器；动物肠线（蚕胶丝除外）制品	1570	1921	2505	227	297	375
43 章 毛皮、人造毛皮及其制品	225	176	137	33	27	20
第九类 木及木制品；木炭；软木及软木制品；稻草、秸秆、针茅或其他编结材料制品；篮筐及柳条编结品	**1055**	**1327**	**1326**	**152**	**205**	**200**
44 章 木及木制品；木炭	938	1187	1199	135	184	181
45 章 软木及软木制品	2	3	3	0	0	0
46 章 稻草、秸秆、针茅或其他编结材料制品；篮筐及柳条编结品	115	137	125	17	21	19
第十类 木浆及其他纤维状纤维素浆；回收（废碎）纸或纸板；纸、纸板及其制品	**1698**	**1795**	**2364**	**245**	**278**	**354**
47 章 木浆及其他纤维状纤维素浆；回收（废碎）纸或纸板	8	12	28	1	2	4
48 章 纸及纸板；纸浆、纸或纸板制品	1448	1505	2049	209	233	307
49 章 书籍、报纸、印刷图画及其他印刷品；手稿、打字稿及设计图纸	242	278	287	35	43	43
第十一类 纺织原料及纺织制品	**19491**	**19421**	**21040**	**2807**	**3006**	**3158**

商品构成出口总额（HS2）

续表 3

类 章	亿元人民币			亿美元		
	2020 年	2021 年	2022 年	2020 年	2021 年	2022 年
50 章 蚕丝	35	42	62	5	7	9
51 章 羊毛、动物细毛或粗毛；马毛纱线及其机织物	107	125	149	15	19	22
52 章 棉花	762	884	878	110	137	132
53 章 其他植物纺织纤维；纸纱线及其机织物	63	89	108	9	14	16
54 章 化学纤维长丝；化学纤维纺织材料制扁条及类似品	1259	1649	1961	182	255	295
55 章 化学纤维短纤	697	833	961	101	129	145
56 章 絮胎、毡呢及无纺织物；特种纱线；线、绳、索、缆及其制品	566	533	521	82	82	78
57 章 地毯及纺织材料的其他铺地制品	205	240	253	30	37	38
58 章 特种机织物；簇绒织物；花边；装饰毯；装饰带；刺绣品	283	359	400	41	56	60
59 章 浸渍、涂布、包覆或层压的纺织物；工业用纺织制品	465	597	677	67	92	102
60 章 针织物及钩编织物	1127	1487	1575	163	230	237
61 章 针织或钩编的服装及衣着附件	4310	5501	5980	622	852	896
62 章 非针织或非钩编的服装及衣着附件	4328	4419	5045	623	684	755
63 章 其他纺织制成品；成套物品；旧衣着及旧纺织品；碎织物	5284	2664	2471	757	412	372
第十二类 鞋、帽、伞、杖、鞭及其零件；已加工的羽毛及其制品；人造花；人发制品	**3674**	**4615**	**5544**	**531**	**714**	**831**
64 章 鞋靴、护腿和类似品及其零件	2639	3277	4058	381	507	608
65 章 帽类及其零件	279	354	455	40	55	68
66 章 雨伞、阳伞、手杖、鞭子、马鞭及其零件	166	193	237	24	30	36
67 章 已加工羽毛、羽绒及其制品；人造花；人发制品	590	790	794	85	122	119
第十三类 石料、石膏、水泥、石棉、云母及类似材料的制品；陶瓷产品；玻璃及其制品	**3879**	**4233**	**4790**	**561**	**655**	**717**

商品构成出口总额（HS2）

续表 4

类　章	亿元人民币			亿美元		
	2020 年	2021 年	2022 年	2020 年	2021 年	2022 年
68 章 石料、石膏、水泥、石棉、云母及类似材料的制品	874	862	1001	126	133	150
69 章 陶瓷产品	1737	1875	2062	251	290	308
70 章 玻璃及其制品	1269	1496	1727	183	232	259
第十四类 天然或养殖珍珠、宝石或半宝石、贵金属、包贵金属及其制品；仿首饰；硬币	**1268**	**1864**	**1997**	**184**	**289**	**297**
71 章 天然或养殖珍珠、宝石或半宝石、贵金属、包贵金属及其制品；仿首饰；硬币	1268	1864	1997	184	289	297
第十五类 贱金属及其制品	**12207**	**16664**	**19546**	**1763**	**2579**	**2937**
72 章 钢铁	2314	4199	4913	334	650	740
73 章 钢铁制品	4922	5990	7122	711	927	1067
74 章 铜及其制品	427	675	703	62	104	107
75 章 镍及其制品	38	32	79	5	5	12
76 章 铝及其制品	1703	2229	2776	246	345	418
77 章（保留为协调制度将来所用）						
78 章 铅及其制品	3	18	21	0	3	3
79 章 锌及其制品	17	14	32	2	2	5
80 章 锡及其制品	9	31	26	1	5	4
81 章 其他贱金属、金属陶瓷及其制品	190	310	429	27	48	65
82 章 贱金属工具、器具、利口器、餐匙、餐叉及其零件	1189	1472	1582	172	228	237
83 章 贱金属杂项制品	1396	1695	1862	202	262	279
第十六类 机器、机械器具、电气设备及其零件；录音机及放声机、电视图像、声音的录制和重放设备及其零件、附件	**79571**	**92671**	**99417**	**11504**	**14346**	**14909**
84 章 核反应堆、锅炉、机器、机械器具及其零件	30492	35170	36547	4403	5443	5486
85 章 电机、电气设备及其零件；录音机及放声机、电视图像、声音的录制和重放设备及其零件、附件	49079	57502	62870	7101	8902	9423

商品构成出口总额（HS2）

续表 5

类 章	亿元人民币			亿美元		
	2020 年	2021 年	2022 年	2020 年	2021 年	2022 年
第十七类 车辆、航空器、船舶及有关运输设备	**7626**	**11117**	**13277**	**1102**	**1720**	**1985**
86 章 铁道及电车道机车、车辆及其零件；铁道及电车道轨道固定装置及其零件、附件；各种机械（包括电动机械）交通信号设备	675	1685	1218	98	261	184
87 章 车辆及其零件、附件，但铁道及电车道车辆除外	5276	7713	9988	763	1193	1492
88 章 航空器、航天器及其零件	170	157	312	25	24	47
89 章 船舶及浮动结构体	1505	1562	1760	217	242	263
第十八类 光学、照相、电影、计量、检验、医疗或外科用仪器及设备、精密仪器及设备；钟表；乐器；上述物品的零件、附件	**5938**	**6682**	**5073**	**857**	**1034**	**759**
90 章 光学、照相、电影、计量、检验、医疗或外科用仪器及设备、精密仪器及设备；上述物品的零件、附件	5556	6239	4613	802	966	690
91 章 钟表及其零件	251	296	316	36	46	47
92 章 乐器及其零件、附件	130	148	143	19	23	21
第十九类 武器、弹药及其零件、附件	**13**	**20**	**18**	**2**	**3**	**3**
93 章 武器、弹药及其零件、附件	13	20	18	2	3	3
第二十类 杂项制品	**13795**	**16470**	**16890**	**1994**	**2548**	**2532**
94 章 家具；寝具、褥垫、弹簧床垫、软坐垫及类似的填充制品；未列名灯具及照明装置；发光标志、发光铭牌及类似品；活动房屋	7567	8697	8452	1094	1346	1269
95 章 玩具、游戏品、运动用品及其零件、附件	4949	6302	6675	715	975	999
96 章 杂项制品	1279	1472	1763	185	228	264
第二十一类 艺术品、收藏品及古物	**48**	**149**	**64**	**7**	**23**	**10**
97 章 艺术品、收藏品及古物	48	149	64	7	23	10
第二十二类 特殊交易品及未分类商品	**1725**	**2411**	**3338**	**250**	**372**	**498**
98 章 特殊交易品及未分类商品	1679	2256	2946	243	348	440
99 章 跨境电商 B2B 简化申报商品	45	155	392	7	24	58

注：自 2020 年 7 月起增加第 99 章，用于统计跨境电商 B2B 出口简化申报商品。

商品构成进口总额（SITC）

商品构成（按 SITC 分类）	亿元人民币			亿美元		
	2020 年	2021 年	2022 年	2020 年	2021 年	2022 年
总　额	**142231**	**173137**	**180391**	**20556**	**26794**	**27065**
一、初级产品	**46891**	**62998**	**72527**	**6771**	**9750**	**10883**
0 类 食品及活动物	6801	7942	8740	982	1228	1312
1 类 饮料及烟类	429	491	471	62	76	70
2 类 非食用原料（燃料除外）	20383	27446	26719	2945	4246	4015
3 类 矿物燃料、润滑油及有关原料	18541	26175	35726	2675	4053	5357
4 类 动植物油、脂及蜡	737	943	870	106	146	129
二、工业制成品	**95340**	**110139**	**107864**	**13785**	**17044**	**16182**
5 类 化学成品及有关产品	14771	17062	17749	2133	2640	2663
6 类 按原料分类的制成品	11637	13571	13165	1683	2101	1978
7 类 机械及运输设备	57290	64656	62310	8286	10006	9359
8 类 杂项制品	10095	10944	8936	1460	1693	1338
9 类 未分类的商品	1547	3906	5704	223	604	844

商品构成出口总额（SITC）

商品构成（按SITC分类）	亿元人民币			亿美元		
	2020年	2021年	2022年	2020年	2021年	2022年
总　额	**179326**	**214255**	**236337**	**25906**	**33160**	**35444**
一、初级产品	**8004**	**9032**	**11284**	**1155**	**1397**	**1690**
0类 食品及活动物	4401	4509	4904	636	698	735
1类 饮料及烟类	172	176	205	25	27	31
2类 非食用原料（燃料除外）	1102	1422	1648	159	220	248
3类 矿物燃料、润滑油及有关原料	2232	2775	4290	321	428	642
4类 动植物油、脂及蜡	98	151	237	14	23	36
二、工业制成品	**171322**	**205224**	**225053**	**24752**	**31764**	**33754**
5类 化学成品及有关产品	11722	16977	20708	1692	2628	3116
6类 按原料分类的制成品	30105	34228	39051	4342	5297	5866
7类 机械及运输设备	87038	103636	112525	12583	16042	16868
8类 杂项制品	40486	47768	49213	5849	7392	7372
9类 未分类的商品	1971	2614	3555	285	404	531

商品构成进口总额（BEC）

商品构成（按 BEC 分类）	亿元人民币			亿美元		
	2020 年	2021 年	2022 年	2020 年	2021 年	2022 年
总　额	**142231**	**173137**	**180391**	**20556**	**26794**	**27065**
1　食品和饮料	**10028**	**11941**	**13181**	**1447**	**1847**	**1974**
11　初级品	4720	5910	6659	681	914	1000
111　主要用于工业	3489	4444	5051	503	688	758
112　主要用于家庭消费	1232	1466	1608	178	227	242
12　加工品	5307	6031	6522	767	933	975
121　主要用于工业	798	1300	1273	115	201	189
122　主要用于家庭消费	4510	4731	5249	651	732	785
2　未列名的工业供应品	**44856**	**86116**	**90703**	**6483**	**13329**	**13614**
21　初级品	15342	21718	19820	2218	3360	2982
22　加工品	29514	64398	70882	4265	9969	10631
3　燃料和润滑油	**17524**	**24967**	**34787**	**2528**	**3866**	**5216**
31　初级品	14309	19789	28434	2064	3064	4264
32　加工品	3215	5178	6352	465	802	952
321　汽油	243	1080	1310	35	167	196
322　其他	2972	4099	5042	430	635	756
4　资本货品（运输设备除外）及其零件和附件	**54770**	**34038**	**27043**	**7922**	**5267**	**4060**
41　资本货品（运输设备除外）	17522	18445	15742	2536	2854	2363
42　零件和附件	37248	15594	11301	5387	2413	1696
5　运输设备及其零件和附件	**7264**	**7956**	**7556**	**1050**	**1230**	**1136**
51　机动小客车	3119	3420	3462	449	528	522
52　其他	729	810	742	107	125	110
521　工业用	656	716	638	96	111	94
522　非工业用	73	95	104	11	15	15
53　零件和附件	3416	3726	3353	494	576	504
6　未列名的消费品	**7110**	**7248**	**6592**	**1027**	**1121**	**986**
61　耐用品	1250	1327	1052	181	205	157
62　半耐用品	2189	2144	1946	317	331	291
63　非耐用品	3671	3777	3593	530	584	537
7　未列名的货品	**764**	**870**	**531**	**110**	**134**	**79**

注：2021 年 BEC 参数调整较大。

商品构成出口总额（BEC）

商品构成（按BEC分类）	亿元人民币			亿美元		
	2020年	2021年	2022年	2020年	2021年	2022年
总　额	**179326**	**214100**	**236337**	**25906**	**33136**	**35444**
1　食品和饮料	**4427**	**4588**	**5038**	**639**	**710**	**754**
11　初级品	1567	1458	1482	227	226	221
111　主要用于工业	191	165	190	28	26	29
112　主要用于家庭消费	1376	1293	1291	199	200	193
12　加工品	2868	3130	3556	414	484	533
121　主要用于工业	185	170	228	27	26	34
122　主要用于家庭消费	2684	2960	3328	387	458	499
2　未列名的工业供应品	**41086**	**65842**	**78754**	**5934**	**10192**	**11833**
21　初级品	831	1006	1070	120	156	161
22　加工品	40256	64836	77684	5814	10036	11672
3　燃料和润滑油	**2166**	**2636**	**4073**	**312**	**407**	**609**
31　初级品	173	209	316	25	32	47
32　加工品	1994	2428	3757	287	375	561
321　汽油	451	2103	3226	65	325	481
322　其他	1542	324	531	222	50	80
4　资本货品（运输设备除外）及其零件和附件	**73792**	**79176**	**79828**	**10669**	**12256**	**11965**
41　资本货品（运输设备除外）	49061	55539	56010	7095	8598	8394
42　零件和附件	24731	23637	23818	3575	3659	3571
5　运输设备及其零件和附件	**10470**	**15466**	**19337**	**1513**	**2393**	**2890**
51　机动小客车	687	1449	2865	99	224	424
52　其他	3304	5262	5216	477	814	783
521　工业用	2351	3865	3871	339	598	580
522　非工业用	954	1397	1345	138	216	202
53　零件和附件	6479	8755	11256	936	1355	1683
6　未列名的消费品	**45543**	**44103**	**45943**	**6572**	**6825**	**6891**
61　耐用品	11961	11661	10717	1729	1804	1610
62　半耐用品	27739	25811	28052	4001	3994	4205
63　非耐用品	5843	6631	7174	842	1026	1076
7　未列名的货品	**1717**	**2289**	**2972**	**249**	**353**	**444**

注：2021年BEC参数调整较大。

四、地区

地区进出口总额（人民币）

（按收发货人所在地分）

单位：亿元

序号	地　区	2000 年	2005 年	2010 年	2015 年	2020 年
	总　额	**39273**	**116922**	**201722**	**245503**	**322215**
1	广东省	14080	35122	53203	63530	70871
2	江苏省	3782	18735	31594	33868	44504
3	浙江省	2290	8842	17199	21528	33848
4	上海市	4531	15338	25035	27908	34873
5	北京市	4090	10332	20478	19828	23313
6	山东省	2073	6329	12830	14950	22130
7	福建省	1727	4478	7376	10480	14098
8	四川省	212	649	2218	3173	8089
9	河南省	191	636	1209	4597	6679
10	天津市	1421	4386	5579	7096	7368
11	重庆市	148	354	842	4615	6514
12	辽宁省	1571	3377	5476	5951	6569
13	安徽省	278	750	1646	2977	5452
14	湖南省	206	494	994	1821	4885
15	广西壮族自治区	168	426	1202	3186	4870
16	江西省	133	334	1464	2629	4025
17	湖北省	267	745	1760	2836	4305
18	河北省	428	1323	2857	3194	4457
19	陕西省	175	377	822	1895	3778
20	云南省	147	390	912	1521	2693
21	黑龙江省	248	786	1731	1302	1539
22	新疆维吾尔自治区	185	653	1160	1225	1483
23	海南省	101	209	586	869	936
24	山西省	145	457	855	912	1504
25	吉林省	210	538	1142	1172	1282
26	内蒙古自治区	216	401	592	789	1054
27	贵州省	55	115	214	761	547
28	甘肃省	47	217	503	494	382
29	宁夏回族自治区	37	80	133	231	123
30	西藏自治区	1	17	57	57	21
31	青海省	13	34	54	120	23
	*东部地区	34525	105093	176738	203250	256398
	*东北地区	2029	4701	8349	8425	9391
	*中部地区	1219	3416	7927	15773	26849
	*西部地区	1404	3712	8709	18068	29577

地区进出口总额（人民币）

续表

序号	地 区	2018 年	2019 年	2020 年	2021 年	2022 年
	总 额	**305008**	**315627**	**322215**	**387392**	**416728**
1	广东省	71602	71488	70871	82490	82793
2	江苏省	43793	43383	44504	51617	54218
3	浙江省	28512	30838	33848	41406	46827
4	上海市	34012	34054	34873	40605	41813
5	北京市	27186	28690	23313	30411	36358
6	山东省	19303	20471	22130	28296	32089
7	福建省	12346	13309	14098	18342	19777
8	四川省	5947	6790	8089	9396	9972
9	河南省	5512	5715	6679	8112	8427
10	天津市	8080	7346	7368	8382	8287
11	重庆市	5221	5792	6514	7900	7996
12	辽宁省	7558	7259	6569	7708	7901
13	安徽省	4142	4737	5452	6800	7469
14	湖南省	3076	4340	4885	5491	7023
15	广西壮族自治区	4104	4696	4870	5930	6462
16	江西省	3162	3510	4025	4974	6343
17	湖北省	3486	3946	4305	5246	6099
18	河北省	3553	4002	4457	5338	5419
19	陕西省	3513	3515	3778	4726	4752
20	云南省	1971	2324	2693	2959	3154
21	黑龙江省	1750	1867	1539	1993	2652
22	新疆维吾尔自治区	1325	1641	1483	1558	2448
23	海南省	848	906	936	1459	2005
24	山西省	1369	1448	1504	2131	1828
25	吉林省	1363	1303	1282	1504	1559
26	内蒙古自治区	1035	1097	1054	1231	1507
27	贵州省	501	453	547	649	681
28	甘肃省	395	380	382	474	565
29	宁夏回族自治区	249	241	123	196	215
30	西藏自治区	48	49	21	40	46
31	青海省	48	38	23	32	40
	*东部地区	249235	254487	256398	308345	329587
	*东北地区	10670	10429	9391	11205	12112
	*中部地区	20746	23696	26849	32754	37189
	*西部地区	24357	27015	29577	35089	37839

注：1. 按 2022 年总额降序排列。

2. 带“*”数据不参与排序。

地区进出口总额占比（人民币）

（按收发货人所在地分）

单位：%

序号	地　区	2000年	2005年	2010年	2015年	2020年
	总　额	**100**	**100**	**100**	**100**	**100**
1	广东省	35.9	30.0	26.4	25.9	22.0
2	江苏省	9.6	16.0	15.7	13.8	13.8
3	浙江省	5.8	7.6	8.5	8.8	10.5
4	上海市	11.5	13.1	12.4	11.4	10.8
5	北京市	10.4	8.8	10.2	8.1	7.2
6	山东省	5.3	5.4	6.4	6.1	6.9
7	福建省	4.4	3.8	3.7	4.3	4.4
8	四川省	0.5	0.6	1.1	1.3	2.5
9	河南省	0.5	0.5	0.6	1.9	2.1
10	天津市	3.6	3.8	2.8	2.9	2.3
11	重庆市	0.4	0.3	0.4	1.9	2.0
12	辽宁省	4.0	2.9	2.7	2.4	2.0
13	安徽省	0.7	0.6	0.8	1.2	1.7
14	湖南省	0.5	0.4	0.5	0.7	1.5
15	广西壮族自治区	0.4	0.4	0.6	1.3	1.5
16	江西省	0.3	0.3	0.7	1.1	1.2
17	湖北省	0.7	0.6	0.9	1.2	1.3
18	河北省	1.1	1.1	1.4	1.3	1.4
19	陕西省	0.4	0.3	0.4	0.8	1.2
20	云南省	0.4	0.3	0.5	0.6	0.8
21	黑龙江省	0.6	0.7	0.9	0.5	0.5
22	新疆维吾尔自治区	0.5	0.6	0.6	0.5	0.5
23	海南省	0.3	0.2	0.3	0.4	0.3
24	山西省	0.4	0.4	0.4	0.4	0.5
25	吉林省	0.5	0.5	0.6	0.5	0.4
26	内蒙古自治区	0.5	0.3	0.3	0.3	0.3
27	贵州省	0.1	0.1	0.1	0.3	0.2
28	甘肃省	0.1	0.2	0.2	0.2	0.1
29	宁夏回族自治区	0.1	0.1	0.1	0.1	0.0
30	西藏自治区	0.0	0.0	0.0	0.0	0.0
31	青海省	0.0	0.0	0.0	0.0	0.0
	*东部地区	87.9	89.9	87.6	82.8	79.6
	*东北地区	5.2	4.0	4.1	3.4	2.9
	*中部地区	3.1	2.9	3.9	6.4	8.3
	*西部地区	3.6	3.2	4.3	7.4	9.2

地区进出口总额占比（人民币）

续表

序号	地　区	2018年	2019年	2020年	2021年	2022年
	总　额	**100**	**100**	**100**	**100**	**100**
1	广东省	23.5	22.6	22.0	21.3	19.9
2	江苏省	14.4	13.7	13.8	13.3	13.0
3	浙江省	9.3	9.8	10.5	10.7	11.2
4	上海市	11.2	10.8	10.8	10.5	10.0
5	北京市	8.9	9.1	7.2	7.9	8.7
6	山东省	6.3	6.5	6.9	7.3	7.7
7	福建省	4.0	4.2	4.4	4.7	4.7
8	四川省	1.9	2.2	2.5	2.4	2.4
9	河南省	1.8	1.8	2.1	2.1	2.0
10	天津市	2.6	2.3	2.3	2.2	2.0
11	重庆市	1.7	1.8	2.0	2.0	1.9
12	辽宁省	2.5	2.3	2.0	2.0	1.9
13	安徽省	1.4	1.5	1.7	1.8	1.8
14	湖南省	1.0	1.4	1.5	1.4	1.7
15	广西壮族自治区	1.3	1.5	1.5	1.5	1.6
16	江西省	1.0	1.1	1.2	1.3	1.5
17	湖北省	1.1	1.3	1.3	1.4	1.5
18	河北省	1.2	1.3	1.4	1.4	1.3
19	陕西省	1.2	1.1	1.2	1.2	1.1
20	云南省	0.6	0.7	0.8	0.8	0.8
21	黑龙江省	0.6	0.6	0.5	0.5	0.6
22	新疆维吾尔自治区	0.4	0.5	0.5	0.4	0.6
23	海南省	0.3	0.3	0.3	0.4	0.5
24	山西省	0.4	0.5	0.5	0.6	0.4
25	吉林省	0.4	0.4	0.4	0.4	0.4
26	内蒙古自治区	0.3	0.3	0.3	0.3	0.4
27	贵州省	0.2	0.1	0.2	0.2	0.2
28	甘肃省	0.1	0.1	0.1	0.1	0.1
29	宁夏回族自治区	0.1	0.1	0.0	0.1	0.1
30	西藏自治区	0.0	0.0	0.0	0.0	0.0
31	青海省	0.0	0.0	0.0	0.0	0.0
	* 东部地区	81.7	80.6	79.6	79.6	79.1
	* 东北地区	3.5	3.3	2.9	2.9	2.9
	* 中部地区	6.8	7.5	8.3	8.5	8.9
	* 西部地区	8.0	8.6	9.1	9.1	9.1

注：1. 按2022年总额占比降序排列。

2. 带“*”数据不参与排序。

地区进出口总额（美元）

（按收发货人所在地分）

单位：亿美元

序号	地　区	2000 年	2005 年	2010 年	2015 年	2020 年
	总　额	**4743**	**14219**	**29740**	**39530**	**46559**
1	广东省	1700	4280	7849	10225	10240
2	江苏省	456	2279	4658	5456	6428
3	浙江省	276	1074	2535	3468	4885
4	上海市	547	1863	3690	4492	5038
5	北京市	494	1255	3017	3194	3365
6	山东省	250	767	1892	2406	3202
7	福建省	208	544	1088	1689	2036
8	四川省	25	79	327	512	1169
9	河南省	23	77	178	738	973
10	天津市	172	533	821	1143	1063
11	重庆市	18	43	124	745	942
12	辽宁省	190	410	807	959	948
13	安徽省	33	91	243	479	787
14	湖南省	25	60	147	293	707
15	广西壮族自治区	20	52	177	511	704
16	江西省	16	41	216	424	580
17	湖北省	32	91	259	456	622
18	河北省	52	161	421	515	645
19	陕西省	21	46	121	305	546
20	云南省	18	47	134	245	391
21	黑龙江省	30	96	255	210	222
22	新疆维吾尔自治区	22	79	171	197	214
23	海南省	12	25	86	140	136
24	山西省	18	55	126	147	218
25	吉林省	25	65	168	189	185
26	内蒙古自治区	26	49	87	127	152
27	贵州省	7	14	31	122	79
28	甘肃省	6	26	74	80	55
29	宁夏回族自治区	4	10	20	37	18
30	西藏自治区	0	2	8	9	3
31	青海省	2	4	8	19	3
	* 东部地区	4168	12782	26057	32728	37039
	* 东北地区	245	571	1231	1358	1356
	* 中部地区	147	415	1169	2536	3888
	* 西部地区	169	451	1284	2909	4277

地区进出口总额（美元）

续表

序号	地　区	2018 年	2019 年	2020 年	2021 年	2022 年
	总　额	**46224**	**45779**	**46559**	**59954**	**62509**
1	广东省	10845	10366	10240	12766	12424
2	江苏省	6639	6295	6428	7989	8143
3	浙江省	4324	4472	4885	6407	7033
4	上海市	5157	4939	5038	6285	6258
5	北京市	4125	4165	3365	4706	5452
6	山东省	2924	2970	3202	4380	4812
7	福建省	1874	1931	2036	2838	2967
8	四川省	899	984	1169	1455	1496
9	河南省	828	825	973	1256	1265
10	天津市	1226	1066	1063	1297	1244
11	重庆市	790	839	942	1223	1203
12	辽宁省	1146	1053	948	1192	1187
13	安徽省	628	687	787	1052	1122
14	湖南省	465	628	707	850	1049
15	广西壮族自治区	623	682	704	917	960
16	江西省	482	509	580	770	952
17	湖北省	528	572	622	812	917
18	河北省	539	580	645	826	812
19	陕西省	533	510	546	731	714
20	云南省	299	337	391	458	472
21	黑龙江省	264	271	222	309	397
22	新疆维吾尔自治区	200	237	214	241	365
23	海南省	127	132	136	226	300
24	山西省	208	210	218	330	275
25	吉林省	207	189	185	232	234
26	内蒙古自治区	157	159	152	190	225
27	贵州省	76	66	79	100	101
28	甘肃省	60	55	55	73	85
29	宁夏回族自治区	38	35	18	30	32
30	西藏自治区	7	7	3	6	7
31	青海省	7	5	3	5	6
	*东部地区	37779	36917	37039	47721	49446
	*东北地区	1617	1513	1356	1733	1817
	*中部地区	3139	3431	3888	5070	5579
	*西部地区	3689	3918	4277	5431	5668

注：1. 按 2022 年总额降序排列。

2. 带“*”数据不参与排序。

地区进口总额（人民币）

（按收发货人所在地分）

单位：亿元

序号	地　区	2000年	2005年	2010年	2015年	2020年
	总　额	**18639**	**54274**	**94700**	**104336**	**142936**
1	北京市	3099	7791	16712	16433	18649
2	广东省	6471	15580	22484	23572	27381
3	上海市	2430	7871	12771	15744	21152
4	江苏省	1649	8625	13242	12847	17070
5	山东省	783	2526	5760	6005	9083
6	浙江省	692	2520	4955	4374	8679
7	福建省	680	1610	2528	3488	5625
8	天津市	707	2132	3031	3922	4294
9	辽宁省	673	1447	2551	2807	3917
10	四川省	93	263	940	1125	3435
11	河南省	65	217	495	1914	2604
12	重庆市	65	146	335	1198	2326
13	广西壮族自治区	45	190	552	1447	2162
14	安徽省	98	323	804	969	2291
15	河北省	124	424	1324	1152	1936
16	黑龙江省	127	287	626	805	1179
17	湖北省	107	381	780	1020	1603
18	湖南省	71	185	454	634	1581
19	陕西省	67	124	400	977	1848
20	云南省	51	173	395	491	1174
21	江西省	35	134	556	577	1106
22	海南省	39	125	428	637	659
23	吉林省	107	335	839	886	991
24	内蒙古自治区	137	255	366	439	705
25	山西省	44	166	535	389	630
26	甘肃省	13	127	392	133	297
27	新疆维吾尔自治区	87	239	281	135	385
28	贵州省	19	45	83	143	115
29	宁夏回族自治区	10	23	54	48	37
30	青海省	4	7	22	18	11
31	西藏自治区	1	3	4	20	8
	* 东部地区	16674	49204	83235	88174	114528
	* 东北地区	907	2069	4016	4499	6088
	* 中部地区	419	1406	3624	5502	9816
	* 西部地区	591	1594	3824	6174	12505

地区进口总额（人民币）

续表

序号	地　区	2018年	2019年	2020年	2021年	2022年
	总　额	**140880**	**143254**	**142936**	**173137**	**180391**
1	北京市	22313	23517	18649	24288	30474
2	广东省	28896	28072	27381	32141	29723
3	上海市	20347	20329	21152	24891	24712
4	江苏省	17140	16171	17070	19539	19628
5	山东省	8735	9341	9083	11679	12869
6	浙江省	7337	7762	8679	11298	12496
7	福建省	4733	5026	5625	7612	7680
8	天津市	4872	4328	4294	4550	4558
9	辽宁省	4343	4129	3917	4410	4325
10	四川省	2614	2886	3435	3812	3856
11	河南省	1933	1959	2604	3174	3270
12	重庆市	1827	2079	2326	2827	2902
13	广西壮族自治区	1929	2098	2162	2992	2877
14	安徽省	1756	1952	2291	2818	2770
15	河北省	1311	1632	1936	2382	2211
16	黑龙江省	1456	1517	1179	1546	2106
17	湖北省	1234	1460	1603	1858	1961
18	湖南省	1051	1263	1581	1676	1890
19	陕西省	1434	1642	1848	2178	1779
20	云南省	1123	1286	1174	1376	1700
21	江西省	939	1014	1106	1307	1593
22	海南省	550	562	659	1140	1283
23	吉林省	1037	979	991	1151	1057
24	内蒙古自治区	656	721	705	756	893
25	山西省	559	641	630	825	631
26	甘肃省	250	249	297	379	446
27	新疆维吾尔自治区	237	390	385	296	372
28	贵州省	163	126	115	164	256
29	宁夏回族自治区	69	92	37	38	54
30	青海省	17	17	11	15	16
31	西藏自治区	19	11	8	18	3
	*东部地区	116234	116741	114528	139521	145634
	*东北地区	6836	6625	6088	7106	7488
	*中部地区	7471	8289	9816	11658	12115
	*西部地区	10338	11598	12505	14852	15153

注：1. 按2022年总额降序排列。

2. 带“*”数据不参与排序。

地区进口总额占比（人民币）

（按收发货人所在地分）

单位：%

序号	地　区	2000 年	2005 年	2010 年	2015 年	2020 年
	总　额	**100**	**100**	**100**	**100**	**100**
1	北京市	16.6	14.4	17.6	15.8	13.0
2	广东省	34.7	28.7	23.7	22.6	19.2
3	上海市	13.0	14.5	13.5	15.1	14.8
4	江苏省	8.8	15.9	14.0	12.3	11.9
5	山东省	4.2	4.7	6.1	5.8	6.4
6	浙江省	3.7	4.6	5.2	4.2	6.1
7	福建省	3.6	3.0	2.7	3.3	3.9
8	天津市	3.8	3.9	3.2	3.8	3.0
9	辽宁省	3.6	2.7	2.7	2.7	2.7
10	四川省	0.5	0.5	1.0	1.1	2.4
11	河南省	0.3	0.4	0.5	1.8	1.8
12	重庆市	0.3	0.3	0.4	1.1	1.6
13	广西壮族自治区	0.2	0.4	0.6	1.4	1.5
14	安徽省	0.5	0.6	0.8	0.9	1.6
15	河北省	0.7	0.8	1.4	1.1	1.4
16	黑龙江省	0.7	0.5	0.7	0.8	0.8
17	湖北省	0.6	0.7	0.8	1.0	1.1
18	湖南省	0.4	0.3	0.5	0.6	1.1
19	陕西省	0.4	0.2	0.4	0.9	1.3
20	云南省	0.3	0.3	0.4	0.5	0.8
21	江西省	0.2	0.2	0.6	0.6	0.8
22	海南省	0.2	0.2	0.5	0.6	0.5
23	吉林省	0.6	0.6	0.9	0.8	0.7
24	内蒙古自治区	0.7	0.5	0.4	0.4	0.5
25	山西省	0.2	0.3	0.6	0.4	0.4
26	甘肃省	0.1	0.2	0.4	0.1	0.2
27	新疆维吾尔自治区	0.5	0.4	0.3	0.1	0.3
28	贵州省	0.1	0.1	0.1	0.1	0.1
29	宁夏回族自治区	0.1	0.0	0.1	0.0	0.0
30	青海省	0.0	0.0	0.0	0.0	0.0
31	西藏自治区	0.0	0.0	0.0	0.0	0.0
	* 东部地区	89.5	90.7	87.9	84.5	80.1
	* 东北地区	4.9	3.8	4.2	4.3	4.3
	* 中部地区	2.2	2.6	3.8	5.3	6.9
	* 西部地区	3.2	2.9	4.0	5.9	8.7

地区进口总额占比（人民币）

续表

序号	地 区	2018 年	2019 年	2020 年	2021 年	2022 年
	总 额	**100**	**100**	**100**	**100**	**100**
1	北京市	15.8	16.4	13.0	14.0	16.9
2	广东省	20.5	19.6	19.2	18.6	16.5
3	上海市	14.4	14.2	14.8	14.4	13.7
4	江苏省	12.2	11.3	11.9	11.3	10.9
5	山东省	6.2	6.5	6.4	6.7	7.1
6	浙江省	5.2	5.4	6.1	6.5	6.9
7	福建省	3.4	3.5	3.9	4.4	4.3
8	天津市	3.5	3.0	3.0	2.6	2.5
9	辽宁省	3.1	2.9	2.7	2.5	2.4
10	四川省	1.9	2.0	2.4	2.2	2.1
11	河南省	1.4	1.4	1.8	1.8	1.8
12	重庆市	1.3	1.5	1.6	1.6	1.6
13	广西壮族自治区	1.4	1.5	1.5	1.7	1.6
14	安徽省	1.2	1.4	1.6	1.6	1.5
15	河北省	0.9	1.1	1.4	1.4	1.2
16	黑龙江省	1.0	1.1	0.8	0.9	1.2
17	湖北省	0.9	1.0	1.1	1.1	1.1
18	湖南省	0.7	0.9	1.1	1.0	1.0
19	陕西省	1.0	1.1	1.3	1.3	1.0
20	云南省	0.8	0.9	0.8	0.8	0.9
21	江西省	0.7	0.7	0.8	0.8	0.9
22	海南省	0.4	0.4	0.5	0.7	0.7
23	吉林省	0.7	0.7	0.7	0.7	0.6
24	内蒙古自治区	0.5	0.5	0.5	0.4	0.5
25	山西省	0.4	0.4	0.4	0.5	0.3
26	甘肃省	0.2	0.2	0.2	0.2	0.2
27	新疆维吾尔自治区	0.2	0.3	0.3	0.2	0.2
28	贵州省	0.1	0.1	0.1	0.1	0.1
29	宁夏回族自治区	0.0	0.1	0.0	0.0	0.0
30	青海省	0.0	0.0	0.0	0.0	0.0
31	西藏自治区	0.0	0.0	0.0	0.0	0.0
	* 东部地区	82.5	81.5	80.1	80.6	80.7
	* 东北地区	4.9	4.6	4.3	4.1	4.2
	* 中部地区	5.3	5.8	6.9	6.7	6.7
	* 西部地区	7.3	8.1	8.7	8.6	8.4

注：1. 按 2022 年总额占比降序排列。

2. 带“*”数据不参与排序。

地区进口总额（美元）

（按收发货人所在地分）

单位：亿美元

序号	地　区	2000 年	2005 年	2010 年	2015 年	2020 年
	总　额	**2251**	**6600**	**13962**	**16796**	**20660**
1	北京市	374	946	2463	2648	2693
2	广东省	781	1898	3317	3793	3958
3	上海市	293	956	1882	2533	3058
4	江苏省	199	1050	1953	2069	2467
5	山东省	95	306	849	967	1313
6	浙江省	84	306	731	705	1254
7	福建省	82	196	373	562	812
8	天津市	85	259	446	632	620
9	辽宁省	81	176	376	452	565
10	四川省	12	32	139	181	497
11	河南省	8	26	73	307	380
12	重庆市	8	18	49	193	337
13	广西壮族自治区	5	23	81	232	312
14	安徽省	12	39	119	156	331
15	河北省	15	51	195	186	280
16	黑龙江省	15	35	92	130	170
17	湖北省	13	46	115	164	232
18	湖南省	9	23	67	102	229
19	陕西省	8	15	59	157	267
20	云南省	6	21	58	79	170
21	江西省	4	16	82	93	160
22	海南省	5	15	63	102	96
23	吉林省	13	41	124	143	143
24	内蒙古自治区	16	31	54	71	102
25	山西省	5	20	79	63	92
26	甘肃省	2	15	58	21	43
27	新疆维吾尔自治区	10	29	42	22	55
28	贵州省	2	5	12	23	17
29	宁夏回族自治区	1	3	8	8	5
30	青海省	0	1	3	3	2
31	西藏自治区	0	0	1	3	1
	* 东部地区	2013	5984	12272	14196	16551
	* 东北地区	110	251	592	725	879
	* 中部地区	50	171	534	884	1423
	* 西部地区	71	194	564	992	1808

地区进口总额（美元）

续表

序号	地　区	2018年	2019年	2020年	2021年	2022年
	总　额	**21357**	**20784**	**20660**	**26794**	**27065**
1	广东省	4380	4072	3958	4975	4463
2	上海市	3085	2949	3058	3853	3700
3	北京市	3384	3414	2693	3759	4571
4	江苏省	2599	2347	2467	3024	2950
5	山东省	1323	1356	1313	1807	1932
6	浙江省	1113	1126	1254	1748	1874
7	福建省	719	729	812	1178	1153
8	天津市	737	629	620	704	683
9	辽宁省	658	599	565	682	650
10	四川省	396	419	497	590	579
11	河南省	290	283	380	491	490
12	广西壮族自治区	295	305	312	463	430
13	重庆市	277	301	337	437	436
14	安徽省	266	283	331	436	417
15	河北省	199	237	280	369	331
16	陕西省	217	238	267	337	268
17	湖北省	187	212	232	287	295
18	湖南省	159	183	229	259	282
19	黑龙江省	220	220	170	239	316
20	云南省	170	187	170	213	255
21	江西省	142	147	160	202	238
22	吉林省	157	142	143	178	159
23	海南省	82	82	96	177	193
24	山西省	85	93	92	128	95
25	内蒙古自治区	99	105	102	117	133
26	甘肃省	38	36	43	59	68
27	新疆维吾尔自治区	36	57	55	46	56
28	贵州省	25	18	17	25	38
29	宁夏回族自治区	10	13	5	6	8
30	西藏自治区	3	2	1	3	0
31	青海省	3	3	2	2	2
	*东部地区	17622	16939	16551	21593	21849
	*东北地区	1035	961	879	1099	1124
	*中部地区	1131	1201	1423	1804	1818
	*西部地区	1569	1683	1808	2298	2273

注：1. 按2022年总额降序排列。
　　2. 带“*”数据不参与排序。

地区出口总额（人民币）

（按收发货人所在地分）

单位：亿元

序号	地　区	2000年	2005年	2010年	2015年	2020年
	总　额	**20634**	**62648**	**107023**	**141167**	**179279**
1	广东省	7609	19542	30719	39958	43490
2	江苏省	2133	10110	18353	21021	27433
3	浙江省	1598	6322	12244	17154	25169
4	山东省	1290	3803	7070	8945	13047
5	上海市	2101	7467	12264	12164	13721
6	福建省	1047	2868	4849	6992	8473
7	北京市	991	2540	3766	3395	4664
8	四川省	119	386	1278	2048	4654
9	重庆市	83	208	507	3417	4187
10	河南省	125	419	714	2684	4075
11	安徽省	180	427	842	2008	3161
12	天津市	714	2254	2548	3174	3074
13	湖南省	135	308	539	1188	3304
14	江西省	99	201	908	2051	2918
15	湖北省	160	364	980	1817	2702
16	辽宁省	898	1930	2925	3143	2652
17	河北省	305	899	1533	2042	2521
18	广西壮族自治区	122	236	651	1739	2707
19	陕西省	108	253	421	919	1930
20	云南省	96	217	517	1030	1519
21	山西省	102	291	320	523	874
22	新疆维吾尔自治区	99	414	879	1090	1098
23	贵州省	36	71	130	619	431
24	内蒙古自治区	79	146	226	350	349
25	黑龙江省	121	499	1105	497	360
26	吉林省	103	203	303	286	291
27	海南省	63	84	157	232	277
28	宁夏回族自治区	27	57	80	183	87
29	甘肃省	34	90	111	361	86
30	西藏自治区	1	14	52	36	13
31	青海省	9	27	32	102	12
	*东部地区	17851	55888	93502	115076	141870
	*东北地区	1122	2632	4333	3926	3303
	*中部地区	801	2009	4303	10271	17034
	*西部地区	813	2118	4884	11894	17072

地区出口总额（人民币）

续表

序号	地　区	2018 年	2019 年	2020 年	2021 年	2022 年
	总　额	**164128**	**172374**	**179279**	**214255**	**236337**
1	广东省	42707	43415	43490	50348	53070
2	江苏省	26653	27212	27433	32078	34590
3	浙江省	21175	23076	25169	30108	34331
4	山东省	10568	11130	13047	16617	19219
5	上海市	13665	13725	13721	15713	17101
6	福建省	7613	8283	8473	10730	12097
7	北京市	4872	5172	4664	6123	5884
8	四川省	3333	3904	4654	5584	6116
9	重庆市	3394	3713	4187	5073	5095
10	河南省	3579	3756	4075	4938	5157
11	安徽省	2386	2785	3161	3983	4699
12	天津市	3208	3018	3074	3831	3729
13	湖南省	2025	3077	3304	3815	5133
14	江西省	2223	2496	2918	3666	4751
15	湖北省	2252	2486	2702	3388	4138
16	辽宁省	3214	3130	2652	3298	3576
17	河北省	2242	2371	2521	2956	3207
18	广西壮族自治区	2176	2598	2707	2938	3585
19	陕西省	2079	1873	1930	2548	2974
20	云南省	848	1037	1519	1583	1454
21	山西省	810	807	874	1306	1198
22	新疆维吾尔自治区	1089	1250	1098	1261	2077
23	贵州省	338	327	431	486	425
24	内蒙古自治区	378	377	349	475	613
25	黑龙江省	294	350	360	447	546
26	吉林省	326	324	291	353	502
27	海南省	298	344	277	319	722
28	宁夏回族自治区	180	149	87	157	161
29	甘肃省	146	131	86	94	119
30	西藏自治区	29	37	13	22	43
31	青海省	31	20	12	17	24
	*东部地区	133000	137746	141870	168824	183953
	*东北地区	3834	3804	3303	4098	4624
	*中部地区	13275	15407	17034	21096	25075
	*西部地区	14019	15417	17072	20237	22685

注：1. 按 2022 年总额降序排列。

2. 带“*”数据不参与排序。

地区出口总额占比（人民币）

（按收发货人所在地分）

单位:%

序号	地　区	2000年	2005年	2010年	2015年	2020年
	总　额	**100**	**100**	**100**	**100**	**100**
1	广东省	36.9	31.2	28.7	28.3	24.3
2	江苏省	10.3	16.1	17.1	14.9	15.3
3	浙江省	7.7	10.1	11.4	12.2	14.0
4	山东省	6.3	6.1	6.6	6.3	7.3
5	上海市	10.2	11.9	11.5	8.6	7.7
6	福建省	5.1	4.6	4.5	5.0	4.7
7	四川省	0.6	0.6	1.2	1.5	2.6
8	北京市	4.8	4.1	3.5	2.4	2.6
9	河南省	0.6	0.7	0.7	1.9	2.3
10	湖南省	0.7	0.5	0.5	0.8	1.8
11	重庆市	0.4	0.3	0.5	2.4	2.3
12	江西省	0.5	0.3	0.8	1.5	1.6
13	安徽省	0.9	0.7	0.8	1.4	1.8
14	湖北省	0.8	0.6	0.9	1.3	1.5
15	天津市	3.5	3.6	2.4	2.2	1.7
16	广西壮族自治区	0.6	0.4	0.6	1.2	1.5
17	辽宁省	4.4	3.1	2.7	2.2	1.5
18	河北省	1.5	1.4	1.4	1.4	1.4
19	陕西省	0.5	0.4	0.4	0.7	1.1
20	新疆维吾尔自治区	0.5	0.7	0.8	0.8	0.6
21	云南省	0.5	0.3	0.5	0.7	0.8
22	山西省	0.5	0.5	0.3	0.4	0.5
23	海南省	0.3	0.1	0.1	0.2	0.2
24	内蒙古自治区	0.4	0.2	0.2	0.2	0.2
25	黑龙江省	0.6	0.8	1.0	0.4	0.2
26	吉林省	0.5	0.3	0.3	0.2	0.2
27	贵州省	0.2	0.1	0.1	0.4	0.2
28	宁夏回族自治区	0.1	0.1	0.1	0.1	0.0
29	甘肃省	0.2	0.1	0.1	0.3	0.0
30	西藏自治区	0.0	0.0	0.0	0.0	0.0
31	青海省	0.0	0.0	0.0	0.1	0.0
	* 东部地区	86.5	89.2	87.4	81.5	79.1
	* 东北地区	5.4	4.2	4.0	2.8	1.8
	* 中部地区	3.9	3.2	4.0	7.3	9.5
	* 西部地区	3.9	3.4	4.6	8.4	9.5

地区出口总额占比（人民币）

续表

序号	地　区	2018 年	2019 年	2020 年	2021 年	2022 年
	总　额	**100**	**100**	**100**	**100**	**100**
1	广东省	26.0	25.2	24.3	23.5	22.5
2	江苏省	16.2	15.8	15.3	15.0	14.6
3	浙江省	12.9	13.4	14.0	14.1	14.5
4	山东省	6.4	6.5	7.3	7.8	8.1
5	上海市	8.3	8.0	7.7	7.3	7.2
6	福建省	4.6	4.8	4.7	5.0	5.1
7	四川省	2.0	2.3	2.6	2.6	2.6
8	北京市	3.0	3.0	2.6	2.9	2.5
9	河南省	2.2	2.2	2.3	2.3	2.2
10	湖南省	1.2	1.8	1.8	1.8	2.2
11	重庆市	2.1	2.2	2.3	2.4	2.2
12	江西省	1.4	1.4	1.6	1.7	2.0
13	安徽省	1.5	1.6	1.8	1.9	2.0
14	湖北省	1.4	1.4	1.5	1.6	1.8
15	天津市	2.0	1.8	1.7	1.8	1.6
16	广西壮族自治区	1.3	1.5	1.5	1.4	1.5
17	辽宁省	2.0	1.8	1.5	1.5	1.5
18	河北省	1.4	1.4	1.4	1.4	1.4
19	陕西省	1.3	1.1	1.1	1.2	1.3
20	新疆维吾尔自治区	0.7	0.7	0.6	0.6	0.9
21	云南省	0.5	0.6	0.8	0.7	0.6
22	山西省	0.5	0.5	0.5	0.6	0.5
23	海南省	0.2	0.2	0.2	0.1	0.3
24	内蒙古自治区	0.2	0.2	0.2	0.2	0.3
25	黑龙江省	0.2	0.2	0.2	0.2	0.2
26	吉林省	0.2	0.2	0.2	0.2	0.2
27	贵州省	0.2	0.2	0.2	0.2	0.2
28	宁夏回族自治区	0.1	0.1	0.0	0.1	0.1
29	甘肃省	0.1	0.1	0.0	0.0	0.1
30	西藏自治区	0.0	0.0	0.0	0.0	0.0
31	青海省	0.0	0.0	0.0	0.0	0.0
	*东部地区	81.0	79.9	79.1	78.8	77.8
	*东北地区	2.3	2.2	1.8	1.9	2.0
	*中部地区	8.1	8.9	9.5	9.8	10.6
	*西部地区	8.5	8.9	9.5	9.4	9.6

注：1. 按 2022 年总额占比降序排列。

2. 带“*”数据不参与排序。

地区出口总额（美元）

（按收发货人所在地分）

单位：亿美元

序号	地　区	2000 年	2005 年	2010 年	2015 年	2020 年
	总　额	**2492**	**7620**	**15778**	**22735**	**25900**
1	广东省	918	2382	4532	6432	6283
2	江苏省	257	1230	2705	3386	3961
3	浙江省	193	768	1805	2763	3631
4	山东省	156	461	1042	1439	1889
5	上海市	254	907	1807	1959	1980
6	福建省	126	348	715	1127	1224
7	四川省	14	47	188	331	672
8	北京市	120	309	554	547	671
9	河南省	15	51	105	431	593
10	重庆市	10	25	75	552	605
11	湖南省	16	37	80	191	478
12	江西省	12	24	134	331	421
13	安徽省	22	52	124	323	456
14	湖北省	19	44	144	292	391
15	天津市	86	274	375	512	443
16	辽宁省	108	234	431	507	383
17	广西壮族自治区	15	29	96	279	392
18	河北省	37	109	226	329	364
19	陕西省	13	31	62	148	279
20	新疆维吾尔自治区	12	50	130	175	158
21	云南省	12	26	76	166	221
22	山西省	12	35	47	84	127
23	海南省	8	10	23	37	40
24	内蒙古自治区	10	18	33	57	50
25	黑龙江省	15	61	163	80	52
26	吉林省	12	25	45	46	42
27	贵州省	4	9	19	99	62
28	宁夏回族自治区	3	7	12	30	13
29	甘肃省	4	11	16	58	12
30	西藏自治区	0	2	8	6	2
31	青海省	1	3	5	16	2
	* 东部地区	2155	6798	13784	18532	20488
	* 东北地区	136	320	639	634	477
	* 中部地区	97	244	635	1652	2465
	* 西部地区	98	258	720	1917	2469

地区出口总额（美元）

续表

序号	地 区	2018 年	2019 年	2020 年	2021 年	2022 年
	总 额	**24867**	**24995**	**25900**	**33160**	**35444**
1	广东省	6465	6295	6283	7791	7961
2	江苏省	4040	3948	3961	4965	5193
3	浙江省	3210	3346	3631	4659	5159
4	山东省	1601	1614	1889	2573	2881
5	上海市	2071	1990	1980	2432	2559
6	福建省	1155	1202	1224	1661	1814
7	四川省	504	565	672	865	916
8	北京市	741	751	671	947	881
9	河南省	538	542	593	765	774
10	重庆市	514	538	605	785	768
11	湖南省	305	445	478	591	767
12	江西省	339	362	421	567	713
13	安徽省	362	404	456	616	705
14	湖北省	341	360	391	524	622
15	天津市	488	438	443	593	561
16	辽宁省	488	454	383	510	537
17	广西壮族自治区	328	377	392	454	529
18	河北省	340	344	364	458	481
19	陕西省	316	272	279	394	447
20	新疆维吾尔自治区	164	180	158	195	309
21	云南省	128	150	221	245	218
22	山西省	123	117	127	202	180
23	海南省	45	50	40	49	107
24	内蒙古自治区	57	55	50	74	92
25	黑龙江省	44	51	52	69	81
26	吉林省	49	47	42	55	75
27	贵州省	51	47	62	75	63
28	宁夏回族自治区	27	22	13	24	24
29	甘肃省	22	19	12	15	18
30	西藏自治区	4	5	2	3	6
31	青海省	5	3	2	3	4
	* 东部地区	20157	19977	20488	26128	27596
	* 东北地区	582	552	477	634	693
	* 中部地区	2008	2230	2465	3266	3760
	* 西部地区	2120	2235	2469	3133	3394

注：1. 按 2022 年总额降序排列。

2. 带“*”数据不参与排序。

地区进出口总额（人民币）

（按境内目的地/货源地分）

单位：亿元

序号	地 区	2000 年	2005 年	2010 年	2015 年	2020 年
	总 额	**39273**	**116922**	**201722**	**245503**	**322215**
1	广东省	14527	36040	56527	72407	83437
2	江苏省	4072	19602	33832	36061	47397
3	浙江省	2608	10195	19487	22284	32214
4	上海市	4535	14941	24798	26278	33132
5	山东省	2344	7350	15271	17280	24461
6	福建省	1866	4675	7497	9156	11914
7	天津市	1420	4498	6228	7388	8712
8	辽宁省	1658	3873	6465	6645	8194
9	四川省	229	631	1785	2913	8115
10	北京市	1981	4405	7518	8128	7972
11	河南省	261	747	1357	4794	7178
12	河北省	449	1591	4214	4974	6921
13	安徽省	306	762	1585	2640	5210
14	广西壮族自治区	189	474	1325	2878	4615
15	重庆市	153	349	802	3644	5810
16	湖北省	321	822	1767	2775	4266
17	江西省	169	408	1420	2524	3531
18	湖南省	246	572	1058	1822	3312
19	陕西省	195	507	795	1857	3551
20	新疆维吾尔自治区	212	683	1448	1679	1877
21	云南省	150	411	701	1181	2375
22	黑龙江省	331	860	1244	1011	1422
23	内蒙古自治区	196	436	794	862	1423
24	山西省	231	749	942	1084	1518
25	海南省	85	174	703	964	1147
26	吉林省	245	607	1154	1241	1356
27	贵州省	71	168	235	488	517
28	甘肃省	56	246	502	271	394
29	宁夏回族自治区	45	97	174	209	203
30	青海省	19	40	56	37	22
31	西藏自治区	3	11	40	41	19
	* 东部地区	33888	103470	176074	204920	257308
	* 东北地区	2233	5340	8864	8897	10972
	* 中部地区	1535	4060	8129	15639	25016
	* 西部地区	1520	4052	8655	16060	28919

地区进出口总额（人民币）

续表

序号	地　区	2018 年	2019 年	2020 年	2021 年	2022 年
	总　额	**305008**	**315627**	**322215**	**387392**	**416728**
1	广东省	79969	81674	83437	93998	94363
2	江苏省	47301	46753	47397	55762	59206
3	浙江省	29115	31142	32214	39935	45472
4	上海市	32052	32663	33132	39045	40097
5	山东省	24021	24724	24461	33510	38676
6	福建省	11393	12047	11914	15859	17688
7	天津市	9367	9395	8712	10110	10913
8	辽宁省	8839	9221	8194	9820	10495
9	四川省	6153	7201	8115	9110	10256
10	北京市	8386	7740	7972	10188	9663
11	河南省	5818	6094	7178	8759	9350
12	河北省	5762	6529	6921	8736	9304
13	安徽省	3917	4395	5210	6623	7592
14	广西壮族自治区	3990	4501	4615	6468	7091
15	重庆市	4506	5214	5810	7005	6965
16	湖北省	3384	3709	4266	5063	6137
17	江西省	2714	3058	3531	4379	6091
18	湖南省	2342	2907	3312	3490	4643
19	陕西省	3442	3381	3551	4325	4156
20	新疆维吾尔自治区	2295	2574	1877	2226	3533
21	云南省	1793	2309	2375	2624	3304
22	黑龙江省	1569	1714	1422	1855	2310
23	内蒙古自治区	1308	1386	1423	1849	2185
24	山西省	1624	1577	1518	2281	2116
25	海南省	1201	1180	1147	1296	1839
26	吉林省	1420	1326	1356	1577	1538
27	贵州省	551	477	517	656	652
28	甘肃省	427	371	394	494	639
29	宁夏回族自治区	266	289	203	287	385
30	青海省	39	34	22	25	43
31	西藏自治区	42	43	19	40	24
	* 东部地区	248568	253848	257308	308439	327221
	* 东北地区	11828	12261	10972	13252	14342
	* 中部地区	19800	21739	25016	30594	35930
	* 西部地区	24812	27779	28919	35107	39234

注：1. 按 2022 年总额降序排列。
　　2. 带“*”数据不参与排序。

地区进出口总额占比（人民币）

（按境内目的地/货源地分）

单位:%

序号	地　区	2000 年	2005 年	2010 年	2015 年	2020 年
	总　额	**100**	**100**	**100**	**100**	**100**
1	广东省	37.0	30.8	28.0	29.5	25.9
2	江苏省	10.4	16.8	16.8	14.7	14.7
3	浙江省	6.6	8.7	9.7	9.1	10.0
4	上海市	11.5	12.8	12.3	10.7	10.3
5	山东省	6.0	6.3	7.6	7.0	7.6
6	福建省	4.8	4.0	3.7	3.7	3.7
7	天津市	3.6	3.8	3.1	3.0	2.7
8	辽宁省	4.2	3.3	3.2	2.7	2.5
9	四川省	0.6	0.5	0.9	1.2	2.5
10	北京市	5.0	3.8	3.7	3.3	2.5
11	河南省	0.7	0.6	0.7	2.0	2.2
12	河北省	1.1	1.4	2.1	2.0	2.1
13	安徽省	0.8	0.7	0.8	1.1	1.6
14	广西壮族自治区	0.5	0.4	0.7	1.2	1.4
15	重庆市	0.4	0.3	0.4	1.5	1.8
16	湖北省	0.8	0.7	0.9	1.1	1.3
17	江西省	0.4	0.3	0.7	1.0	1.1
18	湖南省	0.6	0.5	0.5	0.7	1.0
19	陕西省	0.5	0.4	0.4	0.8	1.1
20	新疆维吾尔自治区	0.5	0.6	0.7	0.7	0.6
21	云南省	0.4	0.4	0.3	0.5	0.7
22	黑龙江省	0.8	0.7	0.6	0.4	0.4
23	内蒙古自治区	0.5	0.4	0.4	0.4	0.4
24	山西省	0.6	0.6	0.5	0.4	0.5
25	海南省	0.2	0.1	0.3	0.4	0.4
26	吉林省	0.6	0.5	0.6	0.5	0.4
27	贵州省	0.2	0.1	0.1	0.2	0.2
28	甘肃省	0.1	0.2	0.2	0.1	0.1
29	宁夏回族自治区	0.1	0.1	0.1	0.1	0.1
30	青海省	0.0	0.0	0.0	0.0	0.0
31	西藏自治区	0.0	0.0	0.0	0.0	0.0
	* 东部地区	86.3	88.5	87.3	83.5	79.9
	* 东北地区	5.7	4.6	4.4	3.6	3.4
	* 中部地区	3.9	3.5	4.0	6.4	7.8
	* 西部地区	3.9	3.5	4.3	6.5	9.0

地区进出口总额占比（人民币）

续表

序号	地　区	2018 年	2019 年	2020 年	2021 年	2022 年
	总　额	**100**	**100**	**100**	**100**	**100**
1	广东省	26.2	25.9	25.9	24.3	22.6
2	江苏省	15.5	14.8	14.7	14.4	14.2
3	浙江省	9.5	9.9	10.0	10.3	10.9
4	上海市	10.5	10.3	10.3	10.1	9.6
5	山东省	7.9	7.8	7.6	8.7	9.3
6	福建省	3.7	3.8	3.7	4.1	4.2
7	天津市	3.1	3.0	2.7	2.6	2.6
8	辽宁省	2.9	2.9	2.5	2.5	2.5
9	四川省	2.0	2.3	2.5	2.4	2.5
10	北京市	2.7	2.5	2.5	2.6	2.3
11	河南省	1.9	1.9	2.2	2.3	2.2
12	河北省	1.9	2.1	2.1	2.3	2.2
13	安徽省	1.3	1.4	1.6	1.7	1.8
14	广西壮族自治区	1.3	1.4	1.4	1.7	1.7
15	重庆市	1.5	1.7	1.8	1.8	1.7
16	湖北省	1.1	1.2	1.3	1.3	1.5
17	江西省	0.9	1.0	1.1	1.1	1.5
18	湖南省	0.8	0.9	1.0	0.9	1.1
19	陕西省	1.1	1.1	1.1	1.1	1.0
20	新疆维吾尔自治区	0.8	0.8	0.6	0.6	0.8
21	云南省	0.6	0.7	0.7	0.7	0.8
22	黑龙江省	0.5	0.5	0.4	0.5	0.6
23	内蒙古自治区	0.4	0.4	0.4	0.5	0.5
24	山西省	0.5	0.5	0.5	0.6	0.5
25	海南省	0.4	0.4	0.4	0.3	0.4
26	吉林省	0.5	0.4	0.4	0.4	0.4
27	贵州省	0.2	0.2	0.2	0.2	0.2
28	甘肃省	0.1	0.1	0.1	0.1	0.2
29	宁夏回族自治区	0.1	0.1	0.1	0.1	0.1
30	青海省	0.0	0.0	0.0	0.0	0.0
31	西藏自治区	0.0	0.0	0.0	0.0	0.0
	*东部地区	81.5	80.4	79.9	79.6	78.5
	*东北地区	3.9	3.9	3.4	3.4	3.4
	*中部地区	6.5	6.9	7.8	7.9	8.6
	*西部地区	8.1	8.8	9.0	9.1	9.4

注：1. 按 2022 年总额占比降序排列。

2. 带“*”数据不参与排序。

地区进出口总额（美元）

（按境内目的地/货源地分）

单位：亿美元

序号	地　区	2000 年	2005 年	2010 年	2015 年	2020 年
	总　额	**4743**	**14219**	**29740**	**39530**	**46559**
1	广东省	1754	4392	8340	11652	12062
2	江苏省	491	2385	4988	5810	6844
3	浙江省	315	1238	2873	3591	4650
4	上海市	547	1815	3654	4230	4788
5	山东省	283	891	2252	2784	3535
6	福建省	225	568	1105	1476	1721
7	天津市	171	546	916	1190	1258
8	辽宁省	200	470	953	1071	1183
9	四川省	28	77	263	469	1173
10	北京市	239	535	1107	1308	1150
11	河南省	32	91	200	770	1045
12	河北省	54	193	621	802	1001
13	安徽省	37	93	234	425	752
14	广西壮族自治区	23	58	195	462	667
15	重庆市	19	42	118	587	840
16	湖北省	39	100	260	446	616
17	江西省	21	50	210	407	509
18	湖南省	30	70	156	293	479
19	陕西省	24	61	117	299	513
20	新疆维吾尔自治区	26	83	214	271	271
21	云南省	18	50	103	190	344
22	黑龙江省	40	105	183	163	205
23	内蒙古自治区	24	53	117	139	206
24	山西省	28	91	139	175	220
25	海南省	10	21	104	155	166
26	吉林省	30	74	170	200	196
27	贵州省	9	20	35	78	75
28	甘肃省	7	30	74	44	57
29	宁夏回族自治区	5	12	26	34	29
30	青海省	2	5	8	6	3
31	西藏自治区	0	1	6	7	3
	＊东部地区	4091	12585	25959	32998	37174
	＊东北地区	270	649	1307	1434	1584
	＊中部地区	185	493	1198	2515	3621
	＊西部地区	184	492	1276	2586	4180

地区进出口总额（美元）

续表

序号	地　区	2018 年	2019 年	2020 年	2021 年	2022 年
	总　额	**46224**	**45779**	**46559**	**59954**	**62509**
1	广东省	12112	11843	12062	14547	14156
2	江苏省	7171	6785	6844	8630	8891
3	浙江省	4414	4517	4650	6180	6830
4	上海市	4859	4737	4788	6044	5996
5	山东省	3641	3588	3535	5187	5801
6	福建省	1728	1748	1721	2454	2654
7	天津市	1417	1364	1258	1564	1636
8	辽宁省	1341	1338	1183	1519	1576
9	四川省	932	1044	1173	1410	1536
10	北京市	1274	1123	1150	1576	1452
11	河南省	875	880	1045	1356	1403
12	河北省	875	947	1001	1352	1397
13	安徽省	594	638	752	1025	1141
14	广西壮族自治区	607	653	667	1000	1059
15	重庆市	682	756	840	1084	1049
16	湖北省	513	538	616	783	921
17	江西省	412	444	509	678	913
18	湖南省	355	421	479	540	693
19	陕西省	523	491	513	670	625
20	新疆维吾尔自治区	347	373	271	345	527
21	云南省	272	334	344	406	495
22	黑龙江省	237	249	205	287	346
23	内蒙古自治区	198	201	206	286	327
24	山西省	247	229	220	353	318
25	海南省	181	172	166	201	275
26	吉林省	215	192	196	244	231
27	贵州省	84	69	75	102	97
28	甘肃省	65	54	57	76	96
29	宁夏回族自治区	40	42	29	44	58
30	青海省	6	5	3	4	6
31	西藏自治区	6	6	3	6	4
	*东部地区	37674	36823	37174	47735	49087
	*东北地区	1794	1780	1584	2050	2153
	*中部地区	2995	3149	3621	4735	5389
	*西部地区	3762	4028	4180	5434	5880

注：1. 按 2022 年总额降序排列。

2. 带“*”数据不参与排序。

地区进口总额（人民币）

（按境内目的地分）

单位：亿元

序号	地　区	2000 年	2005 年	2010 年	2015 年	2020 年
	总　额	**18639**	**54274**	**94700**	**104336**	**142936**
1	广东省	6793	16268	24864	27036	31140
2	上海市	2491	7814	13040	15181	21547
3	江苏省	1890	9359	14739	14412	19863
4	山东省	1007	3415	7789	8063	12044
5	浙江省	921	3482	5854	4721	7835
6	北京市	1345	2891	5430	6325	5925
7	天津市	785	2355	3659	4387	5900
8	辽宁省	782	1841	3551	3475	5008
9	福建省	761	1716	2978	3337	4238
10	河北省	180	601	2313	2020	3461
11	广西壮族自治区	53	238	883	2005	3147
12	四川省	111	294	943	1154	3561
13	河南省	128	284	530	1942	2640
14	安徽省	130	344	844	923	1898
15	重庆市	66	151	328	1167	2001
16	湖北省	164	477	823	1090	1626
17	黑龙江省	130	384	667	620	1046
18	云南省	61	215	354	519	1198
19	江西省	72	190	620	654	1102
20	新疆维吾尔自治区	118	273	597	901	1021
21	陕西省	87	190	412	948	1701
22	内蒙古自治区	105	248	498	482	972
23	海南省	39	104	556	699	869
24	湖南省	112	255	477	637	1188
25	吉林省	122	379	849	908	1033
26	山西省	58	230	483	373	536
27	甘肃省	22	155	415	137	270
28	贵州省	31	74	98	149	108
29	宁夏回族自治区	16	31	69	62	48
30	青海省	8	15	34	14	9
31	西藏自治区	3	2	3	9	2
	* 东部地区	16212	48004	81222	86181	112823
	* 东北地区	1034	2604	5067	5002	7087
	* 中部地区	665	1780	3776	5619	8990
	* 西部地区	679	1885	4634	7546	14037

地区进口总额（人民币）

续表

序号	地　区	2018 年	2019 年	2020 年	2021 年	2022 年
	总　额	**140880**	**143254**	**142936**	**173137**	**180391**
1	广东省	33213	32008	31140	36942	35882
2	上海市	20114	20929	21547	25975	26288
3	江苏省	19781	18986	19863	23268	23120
4	山东省	12580	12936	12044	15905	17910
5	浙江省	7488	7729	7835	10333	12343
6	北京市	6522	5911	5925	6871	7399
7	天津市	6336	6554	5900	6479	7202
8	辽宁省	5020	5377	5008	5965	6207
9	福建省	4466	4545	4238	5780	6165
10	河北省	2500	3217	3461	4501	4457
11	广西壮族自治区	2820	3169	3147	4515	4429
12	四川省	2995	3559	3561	3828	4322
13	河南省	1971	1988	2640	3234	3386
14	安徽省	1510	1649	1898	2353	2422
15	重庆市	1469	1782	2001	2375	2334
16	湖北省	1295	1510	1626	1848	2221
17	黑龙江省	1251	1325	1046	1360	1757
18	云南省	1097	1307	1198	1410	1746
19	江西省	938	1046	1102	1297	1668
20	新疆维吾尔自治区	1275	1384	1021	1080	1598
21	陕西省	1445	1551	1701	1885	1428
22	内蒙古自治区	815	878	972	1228	1387
23	海南省	894	846	869	1008	1270
24	湖南省	952	1088	1188	1143	1139
25	吉林省	1052	962	1033	1200	1005
26	山西省	535	560	536	739	553
27	甘肃省	256	218	270	356	452
28	贵州省	172	118	108	185	219
29	宁夏回族自治区	85	97	48	52	78
30	青海省	17	18	9	6	5
31	西藏自治区	15	4	2	15	1
	*东部地区	113893	113660	112823	137062	142035
	*东北地区	7323	7664	7087	8525	8968
	*中部地区	7202	7842	8990	10613	11389
	*西部地区	12462	14087	14037	16936	17999

注：1. 按 2022 年总额降序排列。

2. 带“*”数据不参与排序。

地区进口总额占比（人民币）

（按境内目的地分）

单位:%

序号	地　区	2000年	2005年	2010年	2015年	2020年
	总　额	**100**	**100**	**100**	**100**	**100**
1	广东省	36.4	30.0	26.3	25.9	21.8
2	上海市	13.4	14.4	13.8	14.6	15.1
3	江苏省	10.1	17.2	15.6	13.8	13.9
4	山东省	5.4	6.3	8.2	7.7	8.4
5	浙江省	4.9	6.4	6.2	4.5	5.5
6	北京市	7.2	5.3	5.7	6.1	4.1
7	天津市	4.2	4.3	3.9	4.2	4.1
8	辽宁省	4.2	3.4	3.7	3.3	3.5
9	福建省	4.1	3.2	3.1	3.2	3.0
10	河北省	1.0	1.1	2.4	1.9	2.4
11	广西壮族自治区	0.3	0.4	0.9	1.9	2.2
12	四川省	0.6	0.5	1.0	1.1	2.5
13	河南省	0.7	0.5	0.6	1.9	1.8
14	安徽省	0.7	0.6	0.9	0.9	1.3
15	重庆市	0.4	0.3	0.3	1.1	1.4
16	湖北省	0.9	0.9	0.9	1.0	1.1
17	黑龙江省	0.7	0.7	0.7	0.6	0.7
18	云南省	0.3	0.4	0.4	0.5	0.8
19	江西省	0.4	0.4	0.7	0.6	0.8
20	新疆维吾尔自治区	0.6	0.5	0.6	0.9	0.7
21	陕西省	0.5	0.4	0.4	0.9	1.2
22	内蒙古自治区	0.6	0.5	0.5	0.5	0.7
23	海南省	0.2	0.2	0.6	0.7	0.6
24	湖南省	0.6	0.5	0.5	0.6	0.8
25	吉林省	0.7	0.7	0.9	0.9	0.7
26	山西省	0.3	0.4	0.5	0.4	0.4
27	甘肃省	0.1	0.3	0.4	0.1	0.2
28	贵州省	0.2	0.1	0.1	0.1	0.1
29	宁夏回族自治区	0.1	0.1	0.1	0.1	0.0
30	青海省	0.0	0.0	0.0	0.0	0.0
31	西藏自治区	0.0	0.0	0.0	0.0	0.0
	*东部地区	87.0	88.4	85.8	82.6	78.9
	*东北地区	5.5	4.8	5.4	4.8	5.0
	*中部地区	3.6	3.3	4.0	5.4	6.3
	*西部地区	3.6	3.5	4.9	7.2	9.8

地区进口总额占比（人民币）

续表

序号	地　区	2018 年	2019 年	2020 年	2021 年	2022 年
	总　额	**100**	**100**	**100**	**100**	**100**
1	广东省	23.6	22.3	21.8	21.3	19.9
2	上海市	14.3	14.6	15.1	15.0	14.6
3	江苏省	14.0	13.3	13.9	13.4	12.8
4	山东省	8.9	9.0	8.4	9.2	9.9
5	浙江省	5.3	5.4	5.5	6.0	6.8
6	北京市	4.6	4.1	4.1	4.0	4.1
7	天津市	4.5	4.6	4.1	3.7	4.0
8	辽宁省	3.6	3.8	3.5	3.4	3.4
9	福建省	3.2	3.2	3.0	3.3	3.4
10	河北省	1.8	2.2	2.4	2.6	2.5
11	广西壮族自治区	2.0	2.2	2.2	2.6	2.5
12	四川省	2.1	2.5	2.5	2.2	2.4
13	河南省	1.4	1.4	1.8	1.9	1.9
14	安徽省	1.1	1.2	1.3	1.4	1.3
15	重庆市	1.0	1.2	1.4	1.4	1.3
16	湖北省	0.9	1.1	1.1	1.1	1.2
17	黑龙江省	0.9	0.9	0.7	0.8	1.0
18	云南省	0.8	0.9	0.8	0.8	1.0
19	江西省	0.7	0.7	0.8	0.7	0.9
20	新疆维吾尔自治区	0.9	1.0	0.7	0.6	0.9
21	陕西省	1.0	1.1	1.2	1.1	0.8
22	内蒙古自治区	0.6	0.6	0.7	0.7	0.8
23	海南省	0.6	0.6	0.6	0.6	0.7
24	湖南省	0.7	0.8	0.8	0.7	0.6
25	吉林省	0.7	0.7	0.7	0.7	0.6
26	山西省	0.4	0.4	0.4	0.4	0.3
27	甘肃省	0.2	0.2	0.2	0.2	0.3
28	贵州省	0.1	0.1	0.1	0.1	0.1
29	宁夏回族自治区	0.1	0.1	0.0	0.0	0.0
30	青海省	0.0	0.0	0.0	0.0	0.0
31	西藏自治区	0.0	0.0	0.0	0.0	0.0
	*东部地区	80.8	79.3	78.9	79.2	78.7
	*东北地区	5.2	5.3	5.0	4.9	5.0
	*中部地区	5.1	5.5	6.3	6.1	6.3
	*西部地区	8.8	9.8	9.8	9.8	10.0

注：1. 按 2022 年总额占比降序排列。
　　2. 带“*”数据不参与排序。

地区进口总额（美元）

（按境内目的地分）

单位：亿美元

序号	地　区	2000 年	2005 年	2010 年	2015 年	2020 年
	总　额	**2251**	**6600**	**13962**	**16796**	**20660**
1	广东省	820	1982	3668	4350	4501
2	上海市	301	949	1922	2443	3115
3	江苏省	228	1139	2173	2321	2870
4	山东省	122	414	1149	1299	1740
5	浙江省	111	423	863	761	1133
6	北京市	163	351	800	1018	855
7	天津市	95	286	538	707	852
8	辽宁省	94	224	523	560	723
9	福建省	92	209	439	538	612
10	河北省	22	73	341	326	501
11	广西壮族自治区	6	29	130	322	455
12	四川省	13	36	139	186	515
13	河南省	15	35	78	312	385
14	安徽省	16	42	125	149	274
15	重庆市	8	18	48	188	290
16	湖北省	20	58	121	175	235
17	黑龙江省	16	47	98	100	151
18	云南省	7	26	52	83	173
19	江西省	9	23	91	105	159
20	新疆维吾尔自治区	14	33	88	145	147
21	陕西省	11	23	61	153	246
22	内蒙古自治区	13	30	73	78	141
23	海南省	5	13	82	112	126
24	湖南省	14	31	70	102	172
25	吉林省	15	46	125	146	149
26	山西省	7	28	71	60	78
27	甘肃省	3	19	61	22	39
28	贵州省	4	9	14	24	16
29	宁夏回族自治区	2	4	10	10	7
30	青海省	1	2	5	2	1
31	西藏自治区	0	0	1	1	0
	＊东部地区	1957	5838	11976	13875	16304
	＊东北地区	125	316	747	806	1023
	＊中部地区	80	216	557	903	1303
	＊西部地区	82	229	683	1214	2029

地区进口总额（美元）

续表

序号	地　区	2018 年	2019 年	2020 年	2021 年	2022 年
	总　额	**21357**	**20784**	**20660**	**26794**	**27065**
1	广东省	5035	4644	4501	5718	5388
2	上海市	3048	3036	3115	4021	3932
3	江苏省	3000	2755	2870	3601	3474
4	山东省	1907	1877	1740	2462	2688
5	浙江省	1135	1121	1133	1599	1852
6	北京市	991	858	855	1062	1112
7	天津市	957	951	852	1003	1079
8	辽宁省	761	780	723	923	932
9	福建省	678	660	612	894	927
10	河北省	380	467	501	696	669
11	广西壮族自治区	430	460	455	698	663
12	四川省	455	516	515	593	648
13	河南省	296	287	385	501	507
14	安徽省	229	239	274	364	365
15	重庆市	222	258	290	368	351
16	湖北省	196	219	235	286	333
17	黑龙江省	189	192	151	211	263
18	云南省	166	190	173	218	262
19	江西省	142	152	159	201	249
20	新疆维吾尔自治区	193	201	147	167	239
21	陕西省	219	225	246	292	215
22	内蒙古自治区	124	127	141	190	208
23	海南省	134	123	126	156	190
24	湖南省	144	158	172	177	170
25	吉林省	160	140	149	185	151
26	山西省	81	81	78	114	83
27	甘肃省	39	32	39	55	68
28	贵州省	26	17	16	29	33
29	宁夏回族自治区	13	14	7	8	12
30	青海省	3	3	1	1	1
31	西藏自治区	2	1	0	2	0
	* 东部地区	17266	16492	16304	21212	21312
	* 东北地区	1110	1112	1023	1319	1347
	* 中部地区	1090	1136	1303	1642	1708
	* 西部地区	1892	2044	2029	2621	2699

注：1. 按 2022 年总额降序排列。

2. 带“*”数据不参与排序。

地区出口总额（人民币）

（按境内货源地分）

单位：亿元

序号	地 区	2000 年	2005 年	2010 年	2015 年	2020 年
	总 额	**20634**	**62648**	**107023**	**141167**	**179279**
1	广东省	7734	19772	31664	45372	52297
2	江苏省	2182	10244	19093	21650	27534
3	浙江省	1687	6713	13633	17562	24379
4	山东省	1337	3935	7481	9217	12417
5	上海市	2044	7127	11758	11097	11585
6	福建省	1105	2959	4519	5819	7676
7	河南省	134	462	827	2852	4538
8	四川省	118	337	842	1760	4553
9	安徽省	176	418	741	1716	3312
10	河北省	269	991	1901	2954	3460
11	重庆市	87	197	474	2478	3809
12	江西省	98	218	800	1871	2429
13	辽宁省	876	2032	2914	3170	3186
14	湖北省	157	345	944	1685	2641
15	天津市	635	2143	2568	3000	2812
16	湖南省	133	317	582	1185	2124
17	陕西省	109	316	383	908	1850
18	广西壮族自治区	136	236	442	873	1467
19	北京市	636	1514	2088	1804	2048
20	新疆维吾尔自治区	94	410	851	778	855
21	山西省	172	519	458	710	982
22	云南省	89	196	346	662	1177
23	内蒙古自治区	91	188	296	380	452
24	海南省	47	70	147	265	278
25	黑龙江省	201	476	577	391	376
26	吉林省	122	228	305	333	323
27	贵州省	41	93	137	339	409
28	宁夏回族自治区	29	67	106	147	155
29	甘肃省	35	91	87	134	125
30	青海省	11	26	22	23	13
31	西藏自治区	0	9	36	33	17
	* 东部地区	17676	55466	94852	118739	144486
	* 东北地区	1199	2736	3797	3894	3885
	* 中部地区	870	2280	4353	10020	16026
	* 西部地区	840	2167	4021	8514	14882

地区出口总额（人民币）

续表

序号	地　区	2018 年	2019 年	2020 年	2021 年	2022 年
	总　额	**164128**	**172374**	**179279**	**214255**	**236337**
1	广东省	46756	49667	52297	57056	58481
2	江苏省	27520	27767	27534	32494	36087
3	浙江省	21628	23413	24379	29602	33129
4	山东省	11441	11788	12417	17605	20766
5	上海市	11938	11734	11585	13070	13809
6	福建省	6927	7502	7676	10079	11523
7	河南省	3847	4106	4538	5524	5964
8	四川省	3158	3642	4553	5281	5934
9	安徽省	2406	2746	3312	4270	5170
10	河北省	3263	3312	3460	4236	4847
11	重庆市	3037	3432	3809	4630	4631
12	江西省	1776	2012	2429	3082	4423
13	辽宁省	3819	3844	3186	3855	4288
14	湖北省	2090	2199	2641	3215	3916
15	天津市	3031	2841	2812	3632	3712
16	湖南省	1389	1819	2124	2347	3504
17	陕西省	1997	1830	1850	2440	2728
18	广西壮族自治区	1170	1332	1467	1953	2662
19	北京市	1864	1829	2048	3317	2263
20	新疆维吾尔自治区	1020	1189	855	1145	1935
21	山西省	1089	1016	982	1542	1564
22	云南省	695	1002	1177	1213	1558
23	内蒙古自治区	493	508	452	621	797
24	海南省	307	334	278	288	570
25	黑龙江省	318	388	376	494	553
26	吉林省	368	364	323	377	533
27	贵州省	379	359	409	471	433
28	宁夏回族自治区	181	192	155	234	308
29	甘肃省	171	153	125	139	188
30	青海省	22	16	13	19	38
31	西藏自治区	27	38	17	26	23
	* 东部地区	134675	140187	144486	171376	185186
	* 东北地区	4505	4596	3885	4727	5374
	* 中部地区	12598	13898	16026	19981	24541
	* 西部地区	12350	13692	14882	18172	21235

注：1. 按 2022 年总额降序排列。

2. 带“*”数据不参与排序。

地区出口总额占比（人民币）

（按境内货源地分）

单位：%

序号	地　区	2000 年	2005 年	2010 年	2015 年	2020 年
	总　额	**100**	**100**	**100**	**100**	**100**
1	广东省	37.5	31.6	29.6	32.1	29.2
2	江苏省	10.6	16.4	17.8	15.3	15.4
3	浙江省	8.2	10.7	12.7	12.4	13.6
4	山东省	6.5	6.3	7.0	6.5	6.9
5	上海市	9.9	11.4	11.0	7.9	6.5
6	福建省	5.4	4.7	4.2	4.1	4.3
7	河南省	0.6	0.7	0.8	2.0	2.5
8	四川省	0.6	0.5	0.8	1.2	2.5
9	安徽省	0.9	0.7	0.7	1.2	1.8
10	河北省	1.3	1.6	1.8	2.1	1.9
11	重庆市	0.4	0.3	0.4	1.8	2.1
12	江西省	0.5	0.3	0.7	1.3	1.4
13	辽宁省	4.2	3.2	2.7	2.2	1.8
14	湖北省	0.8	0.6	0.9	1.2	1.5
15	天津市	3.1	3.4	2.4	2.1	1.6
16	湖南省	0.6	0.5	0.5	0.8	1.2
17	陕西省	0.5	0.5	0.4	0.6	1.0
18	广西壮族自治区	0.7	0.4	0.4	0.6	0.8
19	北京市	3.1	2.4	2.0	1.3	1.1
20	新疆维吾尔自治区	0.5	0.7	0.8	0.6	0.5
21	山西省	0.8	0.8	0.4	0.5	0.5
22	云南省	0.4	0.3	0.3	0.5	0.7
23	内蒙古自治区	0.4	0.3	0.3	0.3	0.3
24	海南省	0.2	0.1	0.1	0.2	0.2
25	黑龙江省	1.0	0.8	0.5	0.3	0.2
26	吉林省	0.6	0.4	0.3	0.2	0.2
27	贵州省	0.2	0.1	0.1	0.2	0.2
28	宁夏回族自治区	0.1	0.1	0.1	0.1	0.1
29	甘肃省	0.2	0.1	0.1	0.1	0.1
30	青海省	0.1	0.0	0.0	0.0	0.0
31	西藏自治区	0.0	0.0	0.0	0.0	0.0
	*东部地区	85.7	88.5	88.6	84.1	80.6
	*东北地区	5.8	4.4	3.5	2.8	2.2
	*中部地区	4.2	3.6	4.1	7.1	8.9
	*西部地区	4.1	3.5	3.8	6.0	8.3

地区出口总额占比（人民币）

续表

序号	地　区	2018 年	2019 年	2020 年	2021 年	2022 年
	总　额	**100**	**100**	**100**	**100**	**100**
1	广东省	28.5	28.8	29.2	26.6	24.7
2	江苏省	16.8	16.1	15.4	15.2	15.3
3	浙江省	13.2	13.6	13.6	13.8	14.0
4	山东省	7.0	6.8	6.9	8.2	8.8
5	上海市	7.3	6.8	6.5	6.1	5.8
6	福建省	4.2	4.4	4.3	4.7	4.9
7	河南省	2.3	2.4	2.5	2.6	2.5
8	四川省	1.9	2.1	2.5	2.5	2.5
9	安徽省	1.5	1.6	1.8	2.0	2.2
10	河北省	2.0	1.9	1.9	2.0	2.1
11	重庆市	1.9	2.0	2.1	2.2	2.0
12	江西省	1.1	1.2	1.4	1.4	1.9
13	辽宁省	2.3	2.2	1.8	1.8	1.8
14	湖北省	1.3	1.3	1.5	1.5	1.7
15	天津市	1.8	1.6	1.6	1.7	1.6
16	湖南省	0.8	1.1	1.2	1.1	1.5
17	陕西省	1.2	1.1	1.0	1.1	1.2
18	广西壮族自治区	0.7	0.8	0.8	0.9	1.1
19	北京市	1.1	1.1	1.1	1.5	1.0
20	新疆维吾尔自治区	0.6	0.7	0.5	0.5	0.8
21	山西省	0.7	0.6	0.5	0.7	0.7
22	云南省	0.4	0.6	0.7	0.6	0.7
23	内蒙古自治区	0.3	0.3	0.3	0.3	0.3
24	海南省	0.2	0.2	0.2	0.1	0.2
25	黑龙江省	0.2	0.2	0.2	0.2	0.2
26	吉林省	0.2	0.2	0.2	0.2	0.2
27	贵州省	0.2	0.2	0.2	0.2	0.2
28	宁夏回族自治区	0.1	0.1	0.1	0.1	0.1
29	甘肃省	0.1	0.1	0.1	0.1	0.1
30	青海省	0.0	0.0	0.0	0.0	0.0
31	西藏自治区	0.0	0.0	0.0	0.0	0.0
	*东部地区	82.1	81.3	80.6	80.0	78.4
	*东北地区	2.7	2.7	2.2	2.2	2.3
	*中部地区	7.7	8.1	8.9	9.3	10.4
	*西部地区	7.5	7.9	8.3	8.5	9.0

注：1. 按 2022 年总额占比降序排列。

2. 带“*”数据不参与排序。

地区出口总额（美元）

（按境内货源地分）

单位：亿美元

序号	地　区	2000 年	2005 年	2010 年	2015 年	2020 年
	总　额	**2492**	**7620**	**15778**	**22735**	**25900**
1	广东省	934	2410	4672	7302	7561
2	江苏省	263	1246	2814	3488	3974
3	浙江省	204	816	2009	2830	3518
4	山东省	162	477	1103	1485	1795
5	上海市	247	866	1733	1787	1673
6	福建省	133	359	666	938	1109
7	河南省	16	56	122	458	660
8	四川省	14	41	124	284	658
9	安徽省	21	51	109	277	478
10	河北省	33	120	280	477	500
11	重庆市	11	24	70	399	550
12	江西省	12	27	118	301	350
13	辽宁省	106	247	429	511	460
14	湖北省	19	42	139	271	381
15	天津市	77	260	378	484	406
16	湖南省	16	39	86	191	307
17	陕西省	13	38	56	146	267
18	广西壮族自治区	16	29	65	141	212
19	北京市	77	184	307	290	295
20	新疆维吾尔自治区	11	50	126	125	123
21	山西省	21	63	67	114	142
22	云南省	11	24	51	107	170
23	内蒙古自治区	11	23	44	61	65
24	海南省	6	9	22	43	40
25	黑龙江省	24	58	85	63	54
26	吉林省	15	28	45	54	47
27	贵州省	5	11	20	54	59
28	宁夏回族自治区	4	8	16	24	22
29	甘肃省	4	11	13	22	18
30	青海省	1	3	3	4	2
31	西藏自治区	0	1	5	5	3
	* 东部地区	2134	6747	13984	19123	20870
	* 东北地区	145	332	560	628	561
	* 中部地区	105	277	642	1612	2318
	* 西部地区	102	263	593	1372	2151

地区出口总额（美元）

续表

序号	地 区	2018 年	2019 年	2020 年	2021 年	2022 年
	总 额	**24867**	**24995**	**25900**	**33160**	**35444**
1	广东省	7077	7199	7561	8829	8768
2	江苏省	4172	4030	3974	5029	5417
3	浙江省	3279	3396	3518	4581	4978
4	山东省	1734	1710	1795	2726	3113
5	上海市	1810	1701	1673	2023	2064
6	福建省	1050	1088	1109	1560	1727
7	河南省	579	593	660	855	896
8	四川省	478	528	658	818	889
9	安徽省	365	399	478	661	776
10	河北省	495	481	500	655	728
11	重庆市	460	497	550	717	698
12	江西省	269	292	350	477	663
13	辽宁省	580	558	460	596	644
14	湖北省	317	319	381	498	588
15	天津市	461	413	406	562	556
16	湖南省	210	263	307	363	523
17	陕西省	304	266	267	378	410
18	广西壮族自治区	177	193	212	302	395
19	北京市	283	265	295	514	340
20	新疆维吾尔自治区	154	172	123	177	288
21	山西省	165	147	142	239	235
22	云南省	105	145	170	188	234
23	内蒙古自治区	75	74	65	96	120
24	海南省	46	48	40	45	85
25	黑龙江省	48	56	54	76	83
26	吉林省	56	53	47	58	80
27	贵州省	57	52	59	73	65
28	宁夏回族自治区	28	28	22	36	46
29	甘肃省	26	22	18	21	28
30	青海省	3	2	2	3	6
31	西藏自治区	4	6	3	4	3
	* 东部地区	20408	20331	20870	26523	27776
	* 东北地区	684	667	561	731	806
	* 中部地区	1905	2013	2318	3093	3681
	* 西部地区	1870	1984	2151	2813	3181

注：1. 按 2022 年总额降序排列。

2. 带“*”数据不参与排序。

城市进出口总额（人民币）

（按收发货人所在地分）

单位：亿元

序号	城　市	2000 年	2005 年	2010 年	2015 年	2020 年
1	上海市	4531	15338	25035	27908	34873
2	深圳市	5300	14972	23492	27510	30506
3	北京市	4090	10332	20478	19828	23313
4	苏州市	1663	11559	18590	18955	22329
5	东莞市	2651	6114	8243	10400	13304
6	宁波市	615	2757	5626	6201	9810
7	广州市	1926	4393	7039	8302	9539
8	厦门市	821	2353	3868	5132	6950
9	青岛市	1122	2718	3870	4337	6418
10	天津市	1421	4386	5579	7096	7368
11	成都市	119	373	1671	2435	7152
12	重庆市	148	354	842	4615	6514
13	杭州市	865	2459	3552	4114	5958
14	无锡市	498	2400	4153	4247	6075
15	金华市	60	389	895	3041	4867
16	佛山市	855	2112	3503	4085	5061
17	南京市	753	2227	3092	3305	5340
18	郑州市	75	161	351	3516	4948
19	大连市	1077	2131	3537	3476	3853
20	烟台市	260	943	2971	3068	3220
21	嘉兴市	226	817	1549	1928	3052
22	西安市	142	322	706	1762	3478
23	福州市	565	1198	1667	2063	2639
24	绍兴市	137	863	1834	1855	2578
25	南通市	262	701	1429	1962	2626
26	合肥市	159	344	675	1263	2598
27	武汉市	169	507	1227	1750	2708
28	常州市	234	686	1511	1740	2416
29	珠海市	760	2117	2948	2961	2733
30	惠州市	680	1560	2321	3376	2488

城市进出口总额（人民币）

续表

序号	城　市	2018 年	2019 年	2020 年	2021 年	2022 年
1	上海市	34012	34054	34873	40605	41813
2	深圳市	29857	29781	30506	35421	36558
3	北京市	27186	28690	23313	30411	36358
4	苏州市	23370	21986	22329	25314	25705
5	东莞市	13178	13763	13304	15213	13965
6	宁波市	8560	9169	9810	11918	12669
7	广州市	9812	10007	9539	10812	10903
8	厦门市	5988	6413	6950	8858	9225
9	青岛市	5316	5923	6418	8234	8372
10	天津市	8080	7346	7368	8382	8287
11	成都市	4916	5732	7152	8130	8282
12	重庆市	5221	5792	6514	7900	7996
13	杭州市	5241	5604	5958	7364	7569
14	无锡市	6151	6366	6075	6822	7368
15	金华市	3758	4219	4867	5879	6838
16	佛山市	4596	4825	5061	6161	6665
17	南京市	4318	4834	5340	6209	6244
18	郑州市	4032	4132	4948	5886	6070
19	大连市	4765	4364	3853	4251	4791
20	烟台市	3047	2904	3220	4049	4500
21	嘉兴市	2820	2832	3052	3785	4397
22	西安市	3304	3242	3478	4385	4357
23	福州市	2506	2629	2639	3490	3855
24	绍兴市	2240	2459	2578	2992	3690
25	南通市	2542	2505	2626	3334	3659
26	合肥市	2029	2216	2598	3275	3609
27	武汉市	2120	2374	2708	3289	3505
28	常州市	2266	2331	2416	3002	3225
29	珠海市	3248	2908	2733	3316	3092
30	惠州市	3335	2710	2488	3054	3091

注：1. 按 2022 年收发货人所在地人民币进出口总额前 30 位地级及以上城市降序排列。
　　2. 所列城市采用海关统计地域口径。

城市进出口总额（美元）

（按收发货人所在地分）

单位：亿美元

序号	城　市	2000 年	2005 年	2010 年	2015 年	2020 年
1	上海市	547	1863	3690	4492	5038
2	深圳市	639	1828	3468	4425	4409
3	北京市	494	1255	3017	3194	3365
4	苏州市	201	1407	2741	3053	3225
5	东莞市	320	744	1216	1675	1921
6	宁波市	74	335	829	999	1416
7	广州市	232	534	1038	1338	1377
8	厦门市	99	286	570	827	1003
9	青岛市	135	330	571	698	929
10	天津市	172	533	821	1143	1063
11	成都市	14	45	246	393	1034
12	重庆市	18	43	124	745	942
13	杭州市	104	299	524	663	860
14	无锡市	60	292	612	684	878
15	金华市	7	47	132	490	701
16	佛山市	103	257	517	657	732
17	南京市	91	271	456	532	772
18	郑州市	9	20	52	564	722
19	大连市	130	259	521	560	556
20	烟台市	31	114	438	494	466
21	嘉兴市	27	99	228	311	441
22	西安市	17	39	104	283	503
23	福州市	68	146	246	332	381
24	绍兴市	17	105	270	299	372
25	南通市	32	85	211	316	379
26	合肥市	19	42	100	203	375
27	武汉市	20	62	181	281	392
28	常州市	28	83	223	280	349
29	珠海市	92	257	435	476	395
30	惠州市	82	190	342	544	360

城市进出口总额（美元）

续表

序号	城　市	2018 年	2019 年	2020 年	2021 年	2022 年
1	上海市	5157	4939	5038	6285	6258
2	深圳市	4518	4316	4409	5483	5472
3	北京市	4125	4165	3365	4706	5452
4	苏州市	3540	3191	3225	3918	3864
5	东莞市	1997	1996	1921	2355	2101
6	宁波市	1299	1331	1416	1844	1905
7	广州市	1485	1451	1377	1673	1632
8	厦门市	908	930	1003	1371	1385
9	青岛市	804	859	929	1275	1256
10	天津市	1226	1066	1063	1297	1244
11	成都市	743	831	1034	1259	1244
12	重庆市	790	839	942	1223	1203
13	杭州市	795	813	860	1139	1139
14	无锡市	933	924	878	1056	1106
15	金华市	570	612	701	910	1026
16	佛山市	697	700	732	952	1006
17	南京市	655	700	772	961	936
18	郑州市	604	595	722	912	910
19	大连市	722	633	556	658	719
20	烟台市	462	421	466	626	676
21	嘉兴市	428	411	441	586	659
22	西安市	501	471	503	679	655
23	福州市	381	382	381	540	576
24	绍兴市	340	356	372	463	554
25	南通市	386	363	379	516	549
26	合肥市	308	321	375	507	543
27	武汉市	321	344	392	509	528
28	常州市	344	338	349	465	485
29	珠海市	494	422	395	513	465
30	惠州市	506	394	360	473	464

注：按“城市进出口总额（人民币）（按收发货人所在地分）”表中城市顺序赋值。

城市进口总额（人民币）

（按收发货人所在地分）

单位：亿元

序号	城　市	2000 年	2005 年	2010 年	2015 年	2020 年
1	北京市	3099	7791	16712	16433	18649
2	上海市	2430	7871	12771	15744	21152
3	深圳市	2436	6657	9661	11098	13534
4	苏州市	795	5575	8204	7691	9391
5	广州市	950	2202	3757	3271	4117
6	东莞市	1234	2750	3523	3971	5023
7	厦门市	343	931	1472	1816	3378
8	天津市	707	2132	3031	3922	4294
9	宁波市	195	928	2101	1781	3406
10	青岛市	436	1121	1572	1531	2543
11	成都市	52	152	730	963	3053
12	重庆市	65	146	335	1198	2326
13	大连市	464	972	1679	1841	2181
14	无锡市	218	1122	1692	1628	2530
15	郑州市	23	46	115	1567	2000
16	南京市	309	1055	1404	1349	1943
17	杭州市	290	829	1154	1016	2268
18	烟台市	97	412	1242	1325	1257
19	西安市	55	104	345	942	1702
20	武汉市	71	299	633	806	1287
21	南通市	93	225	474	544	834
22	合肥市	49	114	294	412	1018
23	嘉兴市	69	237	460	506	779
24	福州市	223	424	561	766	794
25	珠海市	458	1231	1534	1167	1125
26	佛山市	379	709	1262	1087	929
27	惠州市	307	686	949	1215	801
28	金华市	7	28	68	83	255
29	常州市	80	182	456	421	620
30	绍兴市	32	193	403	171	192

城市进口总额（人民币）

续表

序号	城　市	2018 年	2019 年	2020 年	2021 年	2022 年
1	北京市	22313	23517	18649	24288	30474
2	上海市	20347	20329	21152	24891	24712
3	深圳市	13632	13065	13534	16171	14742
4	苏州市	9716	8753	9391	10439	10237
5	广州市	4204	4749	4117	4513	4756
6	东莞市	5292	5131	5023	5682	4679
7	厦门市	2651	2883	3378	4557	4568
8	天津市	4872	4328	4294	4550	4558
9	宁波市	3012	3199	3406	4295	4442
10	青岛市	2150	2513	2543	3551	3673
11	成都市	2213	2497	3053	3388	3342
12	重庆市	1827	2079	2326	2827	2902
13	大连市	2848	2423	2181	2318	2705
14	无锡市	2412	2545	2530	2606	2521
15	郑州市	1458	1452	2000	2338	2472
16	南京市	1818	1822	1943	2378	2465
17	杭州市	1825	1985	2268	2717	2418
18	烟台市	1280	1173	1257	1664	1797
19	西安市	1346	1512	1702	2030	1622
20	武汉市	849	1020	1287	1423	1379
21	南通市	865	794	834	1142	1313
22	合肥市	826	823	1018	1295	1309
23	嘉兴市	804	726	779	984	1182
24	福州市	838	785	794	1221	1180
25	珠海市	1361	1253	1125	1432	1123
26	佛山市	1069	1098	929	1154	1075
27	惠州市	1126	888	801	923	1048
28	金华市	100	185	255	553	882
29	常州市	613	592	620	817	720
30	绍兴市	194	208	192	237	281

注：按“城市进出口总额（人民币）（按收发货人所在地分）”表中城市顺序赋值。

城市进口总额（美元）

（按收发货人所在地分）

单位：亿美元

序号	城　市	2000 年	2005 年	2010 年	2015 年	2020 年
1	北京市	374	946	2463	2648	2693
2	上海市	293	956	1882	2533	3058
3	深圳市	294	813	1426	1784	1956
4	苏州市	96	679	1210	1239	1356
5	广州市	115	268	554	527	595
6	东莞市	149	334	520	639	726
7	厦门市	41	113	217	292	488
8	天津市	85	259	446	632	620
9	宁波市	24	113	310	287	492
10	青岛市	53	136	232	247	368
11	成都市	6	19	107	155	441
12	重庆市	8	18	49	193	337
13	大连市	56	118	247	297	314
14	无锡市	26	136	249	262	366
15	郑州市	3	6	17	251	292
16	南京市	37	128	207	217	281
17	杭州市	35	101	170	164	327
18	烟台市	12	50	183	213	182
19	西安市	7	13	51	151	246
20	武汉市	9	36	93	129	186
21	合肥市	6	14	43	66	147
22	南通市	11	27	70	88	121
23	嘉兴市	8	29	68	82	113
24	福州市	27	52	83	123	114
25	珠海市	55	150	226	188	163
26	佛山市	46	86	187	175	135
27	惠州市	37	84	140	196	116
28	金华市	1	3	10	13	37
29	常州市	10	22	67	68	90
30	绍兴市	4	23	59	28	28

城市进口总额（美元）

续表

序号	城　市	2018 年	2019 年	2020 年	2021 年	2022 年
1	北京市	3384	3414	2693	3759	4571
2	上海市	3085	2949	3058	3853	3700
3	深圳市	2065	1894	1956	2503	2212
4	苏州市	1472	1270	1356	1616	1541
5	广州市	637	689	595	698	713
6	东莞市	803	745	726	880	704
7	厦门市	403	418	488	705	686
8	天津市	737	629	620	704	683
9	宁波市	457	465	492	665	668
10	青岛市	325	365	368	550	550
11	成都市	335	362	441	525	503
12	重庆市	277	301	337	437	436
13	大连市	432	351	314	359	406
14	无锡市	366	370	366	403	379
15	郑州市	218	209	292	362	370
16	南京市	276	264	281	368	370
17	杭州市	277	288	327	420	363
18	烟台市	194	170	182	258	270
19	西安市	204	219	246	314	244
20	武汉市	129	148	186	220	208
21	合肥市	125	119	147	200	198
22	南通市	131	115	121	177	196
23	嘉兴市	122	105	113	152	177
24	福州市	127	114	114	189	177
25	珠海市	207	182	163	221	169
26	佛山市	162	159	135	179	161
27	惠州市	171	129	116	143	157
28	金华市	15	27	37	86	131
29	常州市	93	86	90	126	108
30	绍兴市	29	30	28	37	42

注：按“城市进出口总额（人民币）（按收发货人所在地分）”表中城市顺序赋值。

城市出口总额（人民币）

（按收发货人所在地分）

单位：亿元

序号	城　市	2000 年	2005 年	2010 年	2015 年	2020 年
1	深圳市	2865	8315	13832	16413	16972
2	上海市	2101	7467	12264	12164	13721
3	苏州市	868	5984	10386	11264	12938
4	东莞市	1416	3365	4720	6429	8281
5	宁波市	420	1829	3525	4420	6405
6	广州市	976	2191	3282	5031	5423
7	金华市	52	361	827	2958	4612
8	北京市	991	2540	3766	3395	4664
9	佛山市	475	1403	2241	2998	4131
10	杭州市	575	1630	2398	3097	3690
11	重庆市	83	208	507	3417	4187
12	成都市	67	220	941	1472	4099
13	无锡市	279	1278	2460	2619	3545
14	青岛市	686	1597	2298	2806	3875
15	厦门市	478	1423	2396	3316	3572
16	南京市	444	1172	1688	1956	3397
17	天津市	714	2254	2548	3174	3074
18	郑州市	52	115	235	1950	2949
19	绍兴市	105	670	1430	1683	2386
20	嘉兴市	156	580	1089	1422	2272
21	西安市	87	217	361	820	1776
22	烟台市	163	531	1729	1743	1963
23	福州市	342	774	1106	1297	1845
24	常州市	154	504	1055	1319	1796
25	南通市	169	477	955	1418	1792
26	合肥市	110	230	382	851	1581
27	武汉市	97	208	594	944	1421
28	大连市	613	1158	1858	1635	1672
29	惠州市	372	873	1371	2161	1688
30	珠海市	302	885	1414	1793	1608

城市出口总额（人民币）

续表

序号	城　市	2018 年	2019 年	2020 年	2021 年	2022 年
1	深圳市	16225	16715	16972	19250	21816
2	上海市	13665	13725	13721	15713	17101
3	苏州市	13654	13233	12938	14875	15468
4	东莞市	7886	8632	8281	9531	9286
5	宁波市	5549	5970	6405	7623	8227
6	广州市	5607	5258	5423	6300	6147
7	金华市	3658	4035	4612	5326	5956
8	北京市	4872	5172	4664	6123	5884
9	佛山市	3527	3727	4131	5007	5590
10	杭州市	3417	3619	3690	4646	5150
11	重庆市	3394	3713	4187	5073	5095
12	成都市	2703	3236	4099	4742	4940
13	无锡市	3740	3820	3545	4216	4847
14	青岛市	3166	3410	3875	4683	4699
15	厦门市	3338	3530	3572	4301	4657
16	南京市	2500	3011	3397	3831	3779
17	天津市	3208	3018	3074	3831	3729
18	郑州市	2574	2680	2949	3548	3598
19	绍兴市	2046	2251	2386	2756	3408
20	嘉兴市	2017	2106	2272	2801	3215
21	西安市	1957	1730	1776	2355	2735
22	烟台市	1767	1731	1963	2385	2703
23	福州市	1668	1844	1845	2269	2675
24	常州市	1653	1739	1796	2185	2506
25	南通市	1677	1711	1792	2193	2347
26	合肥市	1203	1393	1581	1980	2300
27	武汉市	1271	1354	1421	1867	2126
28	大连市	1917	1941	1672	1933	2086
29	惠州市	2209	1822	1688	2131	2043
30	珠海市	1887	1655	1608	1884	1969

注：按“城市进出口总额（人民币）（按收发货人所在地分）”表中城市顺序赋值。

城市出口总额（美元）

（按收发货人所在地分）

单位：亿美元

序号	城　市	2000 年	2005 年	2010 年	2015 年	2020 年
1	深圳市	346	1015	2042	2640	2453
2	上海市	254	907	1807	1959	1980
3	苏州市	105	728	1531	1815	1868
4	东莞市	171	409	696	1036	1195
5	宁波市	51	222	520	712	924
6	广州市	118	267	484	811	782
7	金华市	6	44	122	477	664
8	北京市	120	309	554	547	671
9	佛山市	57	171	330	482	598
10	杭州市	69	198	353	499	532
11	重庆市	10	25	75	552	605
12	成都市	8	27	139	238	592
13	无锡市	34	155	363	422	512
14	青岛市	83	194	339	451	561
15	厦门市	58	173	353	534	516
16	南京市	54	142	249	315	491
17	天津市	86	274	375	512	443
18	郑州市	6	14	35	312	430
19	绍兴市	13	81	211	271	345
20	嘉兴市	19	70	160	229	328
21	西安市	11	26	53	132	257
22	烟台市	20	64	255	280	284
23	福州市	41	94	163	209	266
24	常州市	19	61	156	213	259
25	南通市	20	58	141	228	259
26	合肥市	13	28	56	137	228
27	武汉市	12	25	88	152	206
28	大连市	74	141	274	263	242
29	惠州市	45	107	202	348	244
30	珠海市	36	108	209	288	232

城市出口总额（美元）

续表

序号	城　市	2018 年	2019 年	2020 年	2021 年	2022 年
1	深圳市	2453	2422	2453	2980	3260
2	上海市	2071	1990	1980	2432	2559
3	苏州市	2068	1920	1868	2303	2323
4	东莞市	1194	1251	1195	1475	1397
5	宁波市	841	866	924	1179	1237
6	广州市	849	762	782	974	919
7	金华市	555	585	664	824	895
8	北京市	741	751	671	947	881
9	佛山市	535	541	598	774	845
10	杭州市	518	525	532	719	775
11	重庆市	514	538	605	785	768
12	成都市	408	469	592	734	741
13	无锡市	567	554	512	653	727
14	青岛市	479	494	561	725	705
15	厦门市	506	512	516	666	699
16	南京市	379	436	491	593	566
17	天津市	488	438	443	593	561
18	郑州市	386	386	430	550	540
19	绍兴市	311	326	345	427	511
20	嘉兴市	306	306	328	433	482
21	西安市	298	251	257	365	411
22	烟台市	268	251	284	369	406
23	福州市	254	268	266	351	400
24	常州市	251	252	259	338	376
25	南通市	255	248	259	339	353
26	合肥市	182	202	228	306	345
27	武汉市	192	196	206	289	320
28	大连市	291	282	242	299	313
29	惠州市	335	265	244	330	307
30	珠海市	287	240	232	292	296

注：按“城市进出口总额（人民币）（按收发货人所在地分）”表中城市顺序赋值。

城市进出口总额（人民币）

（按境内目的地/货源地分）

单位：亿元

序号	城　市	2000 年	2005 年	2010 年	2015 年	2020 年
1	上海市	4535	14941	24798	26278	33132
2	深圳市	5326	14660	23859	30202	36712
3	苏州市	1731	11909	18977	19434	23106
4	东莞市	2792	6398	8801	10544	14200
5	广州市	1821	4412	7450	11672	11472
6	宁波市	820	3801	6691	6257	8799
7	青岛市	1132	3306	5257	4797	6857
8	天津市	1420	4498	6228	7388	8712
9	北京市	1981	4405	7518	8128	7972
10	无锡市	557	2486	4413	4347	6803
11	成都市	131	304	1204	2212	6990
12	金华市	77	518	1864	3452	5371
13	佛山市	963	2283	3595	3947	5273
14	重庆市	153	349	802	3644	5810
15	郑州市	72	141	290	3453	4903
16	烟台市	346	1064	3339	3339	3544
17	大连市	1016	2355	4001	3593	4453
18	杭州市	821	2247	2716	3093	4079
19	南京市	751	2171	3010	2967	3816
20	嘉兴市	244	830	1625	2152	3201
21	厦门市	720	1949	2948	3448	4048
22	惠州市	749	1627	2652	3729	3533
23	南通市	305	792	1781	2206	3192
24	常州市	257	736	1598	1845	2681
25	西安市	139	327	546	1652	3214
26	绍兴市	158	928	2000	2028	2394
27	武汉市	183	492	1071	1646	2408
28	珠海市	590	1761	2606	2287	2864
29	合肥市	136	301	444	933	2062
30	福州市	543	1130	1481	1436	1788

城市进出口总额（人民币）

续表

序号	城 市	2018 年	2019 年	2020 年	2021 年	2022 年
1	上海市	32052	32663	33132	39045	40097
2	深圳市	33019	34429	36712	38874	38705
3	苏州市	24331	22897	23106	26337	26459
4	东莞市	13387	14099	14200	16671	15322
5	广州市	12022	11878	11472	12501	12294
6	宁波市	8427	8817	8800	10848	11736
7	青岛市	6362	6829	6857	9425	11002
8	天津市	9367	9395	8712	10110	10913
9	北京市	8386	7740	7972	10188	9663
10	无锡市	6583	6953	6803	7773	8226
11	成都市	5048	6067	6990	7737	8200
12	金华市	4122	4828	5371	6341	7132
13	佛山市	4181	4959	5273	6522	7019
14	重庆市	4506	5214	5810	7005	6965
15	郑州市	3929	4056	4903	5845	5907
16	烟台市	3689	2831	3544	5008	5352
17	大连市	4887	5057	4453	4969	5349
18	杭州市	3955	4069	4079	5036	5264
19	南京市	3784	3830	3816	4395	5064
20	嘉兴市	3158	3199	3201	4194	4906
21	厦门市	4040	3933	4048	4886	4818
22	惠州市	4544	3828	3533	4377	4557
23	南通市	3084	3095	3192	3952	4298
24	常州市	2411	2471	2681	3345	3707
25	西安市	3083	3053	3214	3929	3651
26	绍兴市	2468	2626	2394	3022	3616
27	武汉市	1896	2127	2408	2976	3435
28	珠海市	2832	2659	2864	3195	3201
29	合肥市	1600	1732	2062	2643	2985
30	福州市	1738	1786	1788	2498	2953

注：按“城市进出口总额（人民币）（按收发货人所在地分）”表中城市顺序赋值。

城市进出口总额（美元）

（按境内目的地/货源地分）

单位：亿美元

序号	城 市	2000 年	2005 年	2010 年	2015 年	2020 年
1	上海市	547	1815	3654	4230	4788
2	深圳市	643	1790	3523	4855	5310
3	苏州市	209	1449	2798	3130	3336
4	东莞市	337	778	1298	1698	2051
5	广州市	220	537	1098	1880	1657
6	宁波市	99	461	986	1008	1271
7	青岛市	137	401	775	773	991
8	天津市	171	546	916	1190	1258
9	北京市	239	535	1107	1308	1150
10	无锡市	67	302	651	700	982
11	成都市	16	37	177	356	1010
12	金华市	9	63	275	556	774
13	佛山市	116	278	530	636	763
14	重庆市	19	42	118	587	840
15	郑州市	9	17	43	553	716
16	大连市	123	286	590	579	642
17	烟台市	42	129	492	538	513
18	杭州市	99	273	400	498	589
19	南京市	91	264	444	478	551
20	嘉兴市	29	101	240	347	463
21	厦门市	87	236	435	555	585
22	惠州市	90	198	391	600	511
23	南通市	37	96	263	355	461
24	常州市	31	89	235	297	387
25	西安市	17	40	80	266	464
26	绍兴市	19	113	295	327	345
27	武汉市	22	60	158	264	349
28	珠海市	71	214	384	368	415
29	合肥市	16	37	66	150	298
30	福州市	66	138	218	232	258

城市进出口总额（美元）

续表

序号	城　市	2018 年	2019 年	2020 年	2021 年	2022 年
1	上海市	4859	4737	4788	6044	5996
2	深圳市	4998	4989	5310	6017	5792
3	苏州市	3686	3323	3336	4077	3976
4	东莞市	2028	2045	2051	2580	2305
5	广州市	1820	1723	1657	1934	1839
6	宁波市	1278	1280	1271	1678	1766
7	青岛市	964	990	991	1459	1648
8	天津市	1417	1364	1258	1564	1636
9	北京市	1274	1123	1150	1576	1452
10	无锡市	998	1009	982	1203	1234
11	成都市	765	880	1010	1198	1229
12	金华市	625	700	774	981	1071
13	佛山市	634	719	763	1008	1059
14	重庆市	682	756	840	1084	1049
15	郑州市	588	584	716	905	886
16	大连市	742	734	642	768	804
17	烟台市	559	411	513	775	804
18	杭州市	600	590	589	779	792
19	南京市	574	556	551	680	760
20	嘉兴市	479	464	463	649	736
21	厦门市	613	571	585	756	724
22	惠州市	689	556	511	678	685
23	南通市	468	449	461	612	645
24	常州市	366	359	387	518	556
25	西安市	468	443	464	608	549
26	绍兴市	374	381	345	468	543
27	武汉市	287	308	349	460	516
28	珠海市	430	386	415	494	481
29	合肥市	243	251	298	409	449
30	福州市	264	259	258	386	441

注：按“城市进出口总额（人民币）（按收发货人所在地分）”表中城市顺序赋值。

城市进口总额（人民币）

（按境内目的地分）

单位：亿元

序号	城　市	2000 年	2005 年	2010 年	2015 年	2020 年
1	上海市	2491	7814	13040	15181	21547
2	深圳市	2456	6635	10541	13221	14107
3	苏州市	849	5873	8519	8018	9980
4	北京市	1345	2891	5430	6325	5925
5	天津市	785	2355	3659	4387	5900
6	青岛市	484	1757	3008	2281	3829
7	广州市	984	2390	4105	3663	4887
8	东莞市	1286	2817	3701	4072	5406
9	宁波市	371	1962	3174	2293	3495
10	成都市	64	148	703	977	3093
11	无锡市	257	1176	1783	1680	3149
12	大连市	498	1196	2223	1992	2534
13	南京市	378	1083	1666	1588	1824
14	烟台市	165	508	1500	1576	1741
15	郑州市	26	53	108	1557	1985
16	重庆市	66	151	328	1167	2001
17	惠州市	374	739	1252	1384	1397
18	厦门市	349	875	1302	1408	1543
19	南通市	120	295	631	734	1105
20	武汉市	98	320	604	790	1218
21	杭州市	283	697	911	815	1243
22	嘉兴市	79	237	449	545	840
23	西安市	65	146	290	879	1577
24	佛山市	434	748	1220	1091	1121
25	珠海市	317	906	1204	892	1176
26	合肥市	46	74	260	325	766
27	福州市	226	427	580	479	637
28	金华市	11	35	72	89	253
29	常州市	86	220	503	449	698
30	绍兴市	36	228	400	179	217

城市进口总额（人民币）

续表

序号	城　市	2018 年	2019 年	2020 年	2021 年	2022 年
1	上海市	20114	20929	21547	25975	26288
2	深圳市	15183	14265	14107	16334	15398
3	苏州市	10540	9481	9980	11296	10846
4	北京市	6522	5911	5925	6871	7399
5	天津市	6336	6554	5900	6479	7202
6	青岛市	3452	3902	3829	5448	6732
7	广州市	4924	5426	4887	5409	5595
8	东莞市	5205	5146	5406	6576	5366
9	宁波市	3632	3746	3494	4455	5057
10	成都市	2551	3131	3093	3302	3631
11	无锡市	2752	3046	3149	3300	3012
12	大连市	2735	2787	2534	2797	3008
13	南京市	2017	1930	1824	2126	2635
14	烟台市	1818	1289	1741	2411	2480
15	郑州市	1443	1440	1985	2351	2429
16	重庆市	1469	1782	2001	2375	2334
17	惠州市	1897	1530	1397	1689	1876
18	厦门市	1758	1558	1543	1914	1713
19	南通市	1166	1047	1105	1493	1509
20	武汉市	829	999	1218	1315	1494
21	杭州市	1257	1238	1243	1482	1409
22	嘉兴市	845	817	840	1123	1330
23	西安市	1259	1430	1577	1767	1296
24	佛山市	1224	1238	1121	1371	1241
25	珠海市	1196	1127	1176	1299	1192
26	合肥市	654	623	766	975	976
27	福州市	599	638	637	833	912
28	金华市	122	177	253	497	735
29	常州市	636	612	698	884	714
30	绍兴市	222	227	217	254	298

注：按“城市进出口总额（人民币）（按收发货人所在地分）”表中城市顺序赋值。

城市进口总额（美元）

（按境内目的地分）

单位：亿美元

序号	城　市	2000 年	2005 年	2010 年	2015 年	2020 年
1	上海市	301	949	1922	2443	3115
2	深圳市	296	810	1556	2125	2038
3	苏州市	102	715	1256	1291	1441
4	北京市	163	351	800	1018	855
5	天津市	95	286	538	707	852
6	青岛市	59	213	444	368	554
7	广州市	119	291	605	590	706
8	东莞市	155	342	546	656	781
9	宁波市	45	238	468	369	505
10	成都市	8	18	104	157	447
11	无锡市	31	143	263	271	455
12	大连市	60	145	328	321	365
13	南京市	46	132	246	256	264
14	烟台市	20	62	221	254	252
15	郑州市	3	6	16	250	290
16	重庆市	8	18	48	188	290
17	惠州市	45	90	185	223	202
18	厦门市	42	106	192	227	223
19	南通市	14	36	93	118	160
20	武汉市	12	39	89	127	176
21	杭州市	34	85	134	131	179
22	嘉兴市	9	29	66	88	122
23	西安市	8	18	43	141	228
24	佛山市	52	91	180	175	162
25	珠海市	38	110	178	144	171
26	合肥市	6	9	38	52	111
27	福州市	27	52	86	77	92
28	金华市	1	4	11	14	37
29	常州市	10	27	74	72	101
30	绍兴市	4	28	59	29	31

城市进口总额（美元）

续表

序号	城　市	2018 年	2019 年	2020 年	2021 年	2022 年
1	上海市	3048	3036	3115	4021	3932
2	深圳市	2303	2068	2038	2529	2309
3	苏州市	1598	1376	1441	1748	1632
4	北京市	991	858	855	1062	1112
5	天津市	957	951	852	1003	1079
6	青岛市	522	566	554	843	1008
7	广州市	746	788	706	837	840
8	东莞市	789	747	781	1018	808
9	宁波市	551	544	505	689	761
10	成都市	387	454	447	511	544
11	无锡市	417	442	455	511	453
12	大连市	415	405	365	433	452
13	南京市	306	280	264	329	396
14	烟台市	276	187	252	373	373
15	郑州市	216	208	290	364	364
16	重庆市	222	258	290	368	351
17	惠州市	288	222	202	262	282
18	厦门市	267	226	223	296	258
19	南通市	177	152	160	231	226
20	武汉市	126	145	176	203	224
21	杭州市	191	180	179	229	212
22	嘉兴市	128	119	122	174	200
23	西安市	190	207	228	274	195
24	佛山市	185	180	162	212	187
25	珠海市	182	163	171	201	179
26	合肥市	99	90	111	151	148
27	福州市	91	92	92	129	137
28	金华市	18	26	37	77	109
29	常州市	96	89	101	137	107
30	绍兴市	34	33	31	39	45

注：按“城市进出口总额（人民币）（按收发货人所在地分）”表中城市顺序赋值。

城市出口总额（人民币）

（按境内货源地分）

单位：亿元

序号	城　市	2000 年	2005 年	2010 年	2015 年	2020 年
1	深圳市	2870	8025	13318	16982	22605
2	苏州市	882	6035	10458	11415	13126
3	上海市	2044	7127	11758	11097	11585
4	东莞市	1506	3581	5100	6472	8794
5	广州市	837	2022	3346	8010	6585
6	宁波市	449	1839	3517	3964	5305
7	金华市	66	483	1792	3363	5118
8	佛山市	529	1535	2375	2856	4152
9	无锡市	300	1310	2630	2667	3654
10	重庆市	87	197	474	2478	3809
11	成都市	66	156	501	1234	3897
12	青岛市	647	1549	2249	2516	3028
13	杭州市	538	1550	1804	2279	2836
14	天津市	635	2143	2568	3000	2812
15	嘉兴市	166	592	1177	1607	2361
16	郑州市	46	89	182	1895	2918
17	绍兴市	122	699	1600	1848	2177
18	厦门市	370	1074	1646	2039	2505
19	常州市	171	516	1095	1396	1983
20	烟台市	181	555	1840	1764	1803
21	南通市	186	497	1150	1471	2088
22	惠州市	375	888	1400	2344	2136
23	南京市	374	1088	1344	1378	1992
24	西安市	75	182	256	773	1637
25	大连市	518	1159	1778	1601	1919
26	北京市	636	1514	2088	1804	2048
27	福州市	317	703	901	957	1151
28	合肥市	89	227	184	608	1296
29	珠海市	273	855	1402	1395	1688
30	武汉市	85	172	467	856	1190

城市出口总额（人民币）

续表

序号	城　市	2018 年	2019 年	2020 年	2021 年	2022 年
1	深圳市	17836	20165	22605	22539	23307
2	苏州市	13792	13416	13126	15042	15613
3	上海市	11938	11734	11585	13070	13809
4	东莞市	8182	8954	8794	10095	9957
5	广州市	7099	6451	6585	7092	6699
6	宁波市	4795	5071	5305	6393	6679
7	金华市	3999	4651	5118	5844	6397
8	佛山市	2957	3721	4152	5151	5778
9	无锡市	3831	3907	3654	4473	5214
10	重庆市	3037	3432	3809	4630	4631
11	成都市	2496	2936	3897	4436	4570
12	青岛市	2910	2927	3028	3977	4270
13	杭州市	2699	2831	2836	3554	3855
14	天津市	3031	2841	2812	3632	3712
15	嘉兴市	2313	2383	2361	3071	3575
16	郑州市	2486	2616	2918	3493	3478
17	绍兴市	2246	2399	2177	2768	3318
18	厦门市	2282	2375	2505	2972	3105
19	常州市	1775	1859	1983	2462	2993
20	烟台市	1871	1541	1803	2597	2872
21	南通市	1918	2048	2088	2459	2789
22	惠州市	2647	2298	2136	2687	2681
23	南京市	1766	1900	1992	2269	2429
24	西安市	1824	1623	1637	2161	2356
25	大连市	2152	2270	1919	2172	2342
26	北京市	1864	1829	2048	3317	2263
27	福州市	1139	1148	1151	1665	2041
28	合肥市	946	1110	1296	1669	2009
29	珠海市	1636	1533	1688	1896	2009
30	武汉市	1067	1128	1190	1661	1941

注：按“城市进出口总额（人民币）（按收发货人所在地分）”表中城市顺序赋值。

城市出口总额（美元）

（按境内货源地分）

单位：亿美元

序号	城　市	2000 年	2005 年	2010 年	2015 年	2020 年
1	上海市	247	866	1733	1787	1673
2	深圳市	346	980	1967	2730	3272
3	北京市	77	184	307	290	295
4	苏州市	106	734	1542	1839	1895
5	东莞市	182	436	752	1042	1296
6	宁波市	54	223	518	639	766
7	广州市	101	246	493	1290	951
8	厦门市	45	130	243	329	362
9	天津市	77	260	378	484	406
10	青岛市	78	188	332	405	437
11	成都市	8	19	74	199	563
12	重庆市	11	24	70	399	550
13	杭州市	65	188	266	367	409
14	无锡市	36	159	388	430	527
15	南京市	45	132	198	222	287
16	佛山市	64	187	350	460	601
17	郑州市	6	11	27	303	426
18	金华市	8	59	264	542	738
19	西安市	9	22	38	125	237
20	大连市	63	141	262	258	277
21	烟台市	22	67	271	284	261
22	嘉兴市	20	72	173	259	341
23	南通市	22	60	170	237	301
24	武汉市	10	21	69	137	172
25	合肥市	11	28	27	98	187
26	福州市	38	86	133	154	166
27	珠海市	33	104	207	225	245
28	惠州市	45	108	207	377	309
29	常州市	21	63	161	225	286
30	绍兴市	15	85	236	298	314

城市出口总额（美元）

续表

序号	城　市	2018 年	2019 年	2020 年	2021 年	2022 年
1	深圳市	2696	2920	3272	3489	3483
2	苏州市	2089	1947	1895	2328	2345
3	上海市	1810	1701	1673	2023	2064
4	东莞市	1239	1298	1296	1562	1498
5	宁波市	727	736	766	989	1005
6	广州市	1074	935	951	1097	999
7	金华市	606	674	738	904	961
8	佛山市	448	540	601	796	872
9	无锡市	581	567	527	692	782
10	重庆市	460	497	550	717	698
11	成都市	378	425	563	687	685
12	青岛市	442	424	437	616	640
13	杭州市	409	411	409	550	580
14	天津市	461	413	406	562	556
15	嘉兴市	351	346	341	475	536
16	郑州市	372	377	426	541	522
17	绍兴市	341	348	314	428	498
18	厦门市	346	345	362	460	466
19	常州市	269	270	286	381	449
20	烟台市	283	224	261	402	431
21	南通市	291	297	301	381	419
22	惠州市	401	334	309	416	403
23	南京市	268	276	287	351	364
24	西安市	277	236	237	335	354
25	大连市	327	330	277	336	352
26	北京市	283	265	295	514	340
27	福州市	173	166	166	258	305
28	珠海市	249	222	245	293	302
29	合肥市	143	161	187	258	301
30	武汉市	161	163	172	257	292

注：按“城市进出口总额（人民币）（按收发货人所在地分）”表中城市顺序赋值。

特定地区进出口总额

（按收发货人所在地分）

特定地区	亿元人民币			亿美元		
	2019 年	2020 年	2021 年	2019 年	2020 年	2021 年
经济特区	40608	41764	49863	5887	6034	7718
经济技术开发区和特殊开放区	20393	21431	31198	2960	3095	4828
高新技术产业开发区	19984	21351	27574	2899	3086	4268
综合实验区	4003	4769	5749	577	696	890
保税区	14958	15754	18141	2169	2278	2809
出口加工区	3555	3701	–	516	535	–
珠澳跨境工业园区	22	19	44	3	3	7
保税物流园区	678	691	–	98	99	–
保税港区	7494	8148	842	1087	1178	130
综合保税区	29211	34284	59010	4231	4968	9138
保税物流中心（B 型）	1281	1602	1234	185	232	191
国际边境合作中心	8	3	5	1	0	1

注：1. 出口加工区和保税物流园区逐步转型升级，整合到综合保税区，2021 年起不再单列。

2. 保税物流中心（B 型）计算口径 2021 年调整，为更精准反映实际进出口状况，历史数据未调整。

五、指数

2023
中国海关统计摘要

中国对外贸易出口价格同比指数（人民币）

上年同期=100

月　份	总指数				
	2018 年	2019 年	2020 年	2021 年	2022 年
1	100.5	103.2	99.7	101.0	109.5
2	98.1	109.6	98.7	97.9	111.7
3	102.7	102.2	101.2	98.3	111.1
4	100.2	103.9	107.7	97.8	108.9
5	100.6	103.4	108.4	99.6	109.6
6	100.4	105.1	104.3	100.8	115.7
7	101.0	103.8	104.3	102.6	114.3
8	104.1	103.0	101.3	106.5	112.7
9	107.0	102.0	96.2	110.6	113.1
10	109.4	101.1	97.8	108.1	115.3
11	107.5	101.2	99.9	107.5	113.2
12	105.3	98.6	100.5	109.3	113.1

中国对外贸易出口价格同比指数（美元）

上年同期=100

月　份	总指数				
	2018 年	2019 年	2020 年	2021 年	2022 年
1	104.9	98.8	98.3	108.0	112.4
2	103.3	104.2	97.3	104.2	114.0
3	110.5	96.2	97.9	106.4	112.8
4	108.1	98.0	103.0	105.9	111.0
5	109.1	97.1	103.3	107.9	111.1
6	107.9	97.9	100.5	110.9	111.8
7	106.3	97.3	101.2	113.3	108.9
8	105.7	99.4	99.4	115.5	108.0
9	104.1	99.5	97.2	118.2	108.1
10	104.1	98.2	101.2	114.2	107.5
11	101.3	98.8	105.2	112.5	102.4
12	100.3	97.4	107.0	112.7	102.4

中国对外贸易进口价格同比指数（人民币）

上年同期=100

月份	总指数				
	2018年	2019年	2020年	2021年	2022年
1	105.1	103.8	100.4	95.9	115.8
2	98.6	105.0	99.3	101.2	111.9
3	101.1	102.0	97.4	105.0	113.1
4	100.5	101.6	94.4	110.4	117.1
5	102.0	107.9	90.6	117.4	112.7
6	104.4	105.9	91.7	118.0	114.3
7	106.9	103.0	93.3	117.2	115.6
8	105.8	100.5	96.4	115.7	110.5
9	110.9	98.6	97.0	116.4	108.2
10	110.4	96.4	95.4	117.0	110.9
11	111.3	97.4	94.2	117.6	106.4
12	112.6	97.9	95.4	116.5	107.1

中国对外贸易进口价格同比指数（美元）

上年同期=100

月份	总指数				
	2018年	2019年	2020年	2021年	2022年
1	111.1	99.4	98.9	102.7	118.7
2	105.4	99.9	97.3	107.6	114.1
3	109.6	95.9	94.1	113.6	114.9
4	110.1	95.8	90.2	119.4	119.4
5	111.4	101.2	87.0	127.2	114.1
6	112.1	98.5	89.4	129.9	110.1
7	112.2	96.8	91.4	129.4	110.1
8	107.5	97.4	95.6	125.1	106.0
9	108.0	96.2	99.0	124.3	103.3
10	105.2	93.5	99.4	123.3	103.1
11	106.2	95.3	99.9	123.0	96.1
12	107.3	96.8	102.8	119.9	97.0

附录

2023

中国海关统计摘要

主要统计指标解释

商品分类 凡列入海关统计范围的进出口货物均根据《中华人民共和国海关统计商品目录》归类统计。该目录1980—1991年以联合国《国际贸易标准分类》第二次修订本（SITC，Rev. 2）为基础编制，1992年起改以海关合作理事会制定的《商品名称和编码协调制度》（HS）（以下简称《协调制度》）为基础编制，采用8位数商品编码，前6位数采用《协调制度》编码，后两位数是根据中国关税、统计和贸易管理方面的需要而增设的本国子目。2022年全目录计有99章、8939个8位数商品编码。

《国际贸易标准分类》（SITC）由联合国统计局主持制定、联合国经济社会理事会正式通过，用于统一各国对外贸易商品的分类统计。该体系采用经济分类标准，按照原料、半制品、制成品顺序分类，把全部国际贸易商品按经济类别划分为10大类，并按照编码的不同分类层次汇总为初级产品（0~4类）和工业制成品（5~9类）。

《按广泛经济类别分类》（BEC）由联合国统计局制定、联合国统计委员会审议通过、联合国秘书处出版颁布。BEC分类把全部国际贸易商品分为7大类、19个基本类，按照商品的主要最终用途或经济类别综合汇总为资本品、中间产品和消费品3个门类。

统计价格 进口货物按到岸价格（CIF）统计，出口货物按离岸价格（FOB）统计。

到岸价格包括货价、货物运抵中国关境内输入地点起卸前的运费、保险费和其他劳务费等费用。离岸价格包括货价、货物运抵中国关境内输出地点装卸前的运费、保险费和其他劳务费等费用，不包括货物离开中国关境后的运费、保险费和其他费用。

海关统计价格分别以人民币和美元计价。进出口货物的价格以其他外币计价的，分别按照海关征税使用的中国人民银行折算价及国家外汇管理部门按月公布的各种外币对美元的折算率，折算成人民币值和美元值进行统计。由于汇率波动会导致以人民币计价和以美元计价计算的同比数据不一致，提请数据使用者注意。

进出口货物关别 指接受进出口货物申报的海关。

贸易方式 指进出口交易活动中买卖双方转让商品所有权时采用的交易方式，亦称货物的贸易性质。贸易方式统计可以反映各种贸易方式的进出口情况及其在对外贸易中所占的比重。

一般贸易 指中国境内有进出口经营权的企业单边进口或单边出口的贸易。

国家间、国际组织无偿援助和赠送的物资 指中国根据两国政府间的协议或临时决定，对外提供无偿援助、捐赠品或中国政府、组织基于友好关系向对方国家政府、组织赠送的物资，以及中国政府、组织接受国际组织、外国政府或组织无偿援助、捐赠或赠送的物资。

来料加工贸易 指由外商提供全部或部分原材料、辅料、零部件、元器件、配套件和包装物料，必要时提供设备，由中方按对方的要求进行加工装配，成品交对方销售，中方收取工缴费。包括海关特殊监管区域企业以来料加工装配贸易方式进口及出口的货物。

进料加工贸易 指中方购买进口的原料、材料、辅料、元器件、零部件、配套件和包装物料，加工成品或半成品后再外销出口的交易形式。包括海关特殊监管区域企业从境外进口的用于加工的料件，以及加工后出口的成品。

边境小额贸易 指中国沿陆地边境线经国家批准对外开放的边境县（旗）、边境城市辖区内企业，通过国家指定的陆地边境口岸，与毗邻国家边境地区的企业或其他贸易机构之间进行的贸易活动，包括易货贸易、现汇贸易等各类形式，以及边境地区企业与我国毗邻国家边境地区开展承包工程和劳务合作项下出口的工程设备、物资和在境外获取运回境内的设备、物资。

加工贸易进口设备 指加工贸易项下对方提供的机械设备，包括以工缴费（或差价）偿还的作价或不作价设备。

对外承包工程出口货物 指经国家商务主管部门批准有对外承包工程经营权的公司为承包国外建设工程项目和开展劳务合作等对外合作项目而出口的设备、物资，不包括边境地区经国家商务主管部门批准有对外经济技术合作经营权的企业与中国毗邻国家开展承包工程和劳务合作项下出口的工程设备、物资。

租赁贸易 指承办租赁业务的企业与外商签订国际租赁贸易合同，租赁期为一年及以上的租赁进出口货物。

外商投资企业作为投资进口的设备、物品 指外商投资企业以投资总额内的资金（包括中方投资）所进口的机器设备、零部件和其他物料［其他物料指建厂（场），以及安装、加固机器所需材料］，以及根据国家规定进口本企业自用合理数量的交通工具、生产用车辆和办公用品（设备）。

出料加工贸易 指将中国关境内原辅料、零部件、元器件或半成品交由境外厂商按中方要求进行加工或装配，成品复运进口，中方支付工缴费的交易形式。

免税外汇商品 指由经批准的收发货人进口、销售专供入境的中国出国人员，华侨、外籍华人、港澳台同胞等探亲人员，出境探亲的中国公民和驻华外交人员的免税外汇商品。

免税品 指设在国际机场、港口、车站和过境口岸的免税品商店进口，按有关规定销售给办完出境手续的旅客的免税商品，供外国籍船员和我国远洋船员购买送货上船出售的免税商品，供外交人员购买的免税品，以及在我国际航机、国际班轮上向国际旅客出售的免税商品。对应监管方式为“免税品”（1741），仅适用于进口。2014 年之前，海关对免税品实施单项统计，自 2014 年起，免税品列入海关统计。

保税监管场所进出境货物 指从境外直接存入海关保税监管场所（包括保税仓库、保税物流中心）的货物和从海关保税监管场所（上述场所及出口监管仓库）运往境外的货物，不包括海关特殊监管区域进出境的仓储、转口等物流货物。2011 年之前称为保税仓库进出境货物。

海关特殊监管区域物流货物 指从境外直接存入海关特殊监管区域（包括保税区、保税物流园区、出口加工区、综合保税区、保税港区、特殊综合保税区等）和从海关特殊监管区域运往境外的仓储、分拨、配送、转口货物，包括流通领域的物流货物及供区内加工生产用的仓储货物。2011 年之前称为保税区仓储转口货物。

海关特殊监管区域进口设备 指从境外直接运入海关特殊监管区域（保税区、保税物流园区除外）用于区内业务所需的设备、物资，以及区内企业和行政管理机构从境外进口自用合理数量的办公用品等。2011 年之前称为出口加工区进口设备。

其他贸易方式 适用于上述列名贸易方式之外的进出口货物，包括市场采购货物和边民互市货物等。

进出口货物收发货人 指在海关备案的对外签订并执行进出口贸易合同的中国境内法人、其他组织或个人。

收发货人所在地 指进出口收发货人在我国关境内的工商注册地。

境内目的地 指进口货物在我国关境内的消费、使用地或最终运抵地。

境内货源地 指出口货物在我国关境内的产地或原始发货地。

东部地区 包括北京市、天津市、河北省、上海市、江苏省、浙江省、福建省、山东省、广东省和海南省 10 个省、直辖市。

东北地区 包括辽宁省、吉林省和黑龙江省 3 个省。

中部地区 包括山西省、安徽省、江西省、河南省、湖北省和湖南省 6 个省。

西部地区 包括内蒙古自治区、广西壮族自治区、重庆市、四川省、贵州省、云南省、西藏自治区、陕西省、甘肃省、青海省、宁夏回族自治区和新疆维吾尔自治区 12 个省、自治区和直辖市。

统计国别（地区） 进口货物统计原产国（地区），出口货物统计最终目的国（地区）。

原产国（地区）指进口货物的生产、开采或加工制造的国家（地区）。对经过几个国家加工制造的进口货物，以最后一个对货物进行经济上可以视为实质性加工的国家作为该货物的原产国（地区）。原产国（地区）确实不详时，按“国别不详”统计。

最终目的国（地区）指出口货物已知的消费、使用或进一步加工制造的国家（地区）。最终目的国（地区）不能确定时，按货物出口时尽可能预知的最后运往国（地区）统计。

东南亚国家联盟 包括文莱、缅甸、柬埔寨、印度尼西亚、老挝、马来西亚、菲律宾、新加坡、泰国、越南 10 个国家。

欧洲联盟 2000 年数据包含比利时、丹麦、英国、德国、法国、爱尔兰、意大利、卢森堡、荷兰、希腊、葡萄牙、西班牙、奥地利、芬兰、瑞典 15 个国家。

2005 年数据包含比利时、丹麦、英国、德国、法国、爱尔兰、意大利、卢森堡、荷兰、希腊、葡萄牙、西班牙、奥地利、芬兰、瑞典、马耳他、塞浦路斯、波兰、匈牙利、捷克、斯洛文尼亚、斯洛伐克、爱沙尼亚、拉脱维亚、立陶宛 25 个国家。

2010 年数据包含比利时、丹麦、英国、德国、法国、爱尔兰、意大利、卢森堡、荷兰、希腊、葡萄牙、西班牙、奥地利、芬兰、瑞典、马耳他、塞浦路斯、波兰、匈牙利、捷克、斯洛文尼亚、斯洛伐克、爱沙尼亚、拉脱维亚、立陶宛、保加利亚、罗马尼亚 27 个国家。

2015—2019 年数据包含比利时、丹麦、英国、德国、法国、爱尔兰、意大利、卢森堡、荷兰、希腊、葡萄牙、西班牙、奥地利、芬兰、瑞典、塞浦路斯、匈牙利、马耳他、波兰、爱沙尼亚、拉脱维亚、立陶宛、斯洛文尼亚、捷克、斯洛伐克、保加利亚、罗马尼亚、克罗地亚 28 个国家。

2020 年 1 月英国正式脱离欧盟，欧盟统计范围调整为 27 国，即不包括英国。2020 年全年及以后数据包含比利时、丹麦、德国、法国、爱尔兰、意大利、卢森堡、荷兰、希腊、葡萄牙、西班牙、奥地利、芬兰、瑞典、塞浦路斯、匈牙利、马耳他、波兰、爱沙尼亚、拉脱维亚、立陶宛、斯洛文尼亚、捷克、斯洛伐克、保加利亚、罗马尼亚、克罗地亚 27 个国家。

“一带一路”沿线国家 引用商务部、国家统计局、国家外汇管理局联合发布的《2017 年度中国对外直接投资统计公报》相关报表中“一带一路”沿线国家的统计口径，包括越南、印度、新加坡、俄罗斯等 64 个国家。

机电产品 包括机械设备、电气设备、交通运输设备、电子产品、电器产品、仪器仪表、金属制品等及其零部件、元器件。机电产品包含的商品与部分进口、出口主要商品有交叉。

高新技术产品 采用《国家高新技术产品目录》，包括电子信息、生物医药技术、新材料、光机电一体化、新能源高效节能、环境保护、航空航天、海洋工程、核应用技术等方面的设备、仪表及其零部件、元器件。高新技术产品包含的商品与部分进口、出口主要商品有交叉。

农产品 自 2003 年起采用 WTO 乌拉圭回合农业协议的农产品和水海产品统计口径，统计口径与农业部（现农业农村部）统计口径一致。因 2000—2002 年无农产品统计口径，故相关数据用 2003 年同口径重新计算。农产品包含的商品与部分进口、出口主要商品有交叉。

对外贸易价格指数 是反映一个国家或地区在一定时期内进出口商品价格变动趋势及幅度的统计指标，采用费氏公式的“单位价值法”编制。计算指数的资料全部来自中国海关的进出口货物贸易统计。

统计时间 进口货物按海关放行的日期进行统计，出口货物按海关结关的日期进行统计。海关月度统计数据按公历月度汇总编制。